中铁三局集团深圳建设工程有限公司校企合作项目著作出版基金（23-2395）资助

抗裂钢纤维混凝土及变形缝防水技术地铁工程应用

周政　刘栋　黄邦宜　李焕君　王晓宇／著

中国矿业大学出版社
·徐州·

内 容 提 要

本书主要介绍了钢纤维混凝土及变形缝防水技术在地铁工程中的应用。以深圳市城市轨道交通14号线工程为背景，围绕大平台超大尺寸混凝土结构的抗裂性能和变形缝的防水效果展开了试验研究和现场实践应用，评估了现有变形缝防水措施的局限性，进行了技术创新和工艺改进，研究成果达到了工程安全标准和使用寿命要求。

本书适合在地铁工程领域工作的专业人士及进行相关研究的学者参考阅读。

图书在版编目(CIP)数据

抗裂钢纤维混凝土及变形缝防水技术地铁工程应用 / 周政等著. — 徐州 : 中国矿业大学出版社，2025. 5.

ISBN 978-7-5646-6822-8

Ⅰ. U459.1

中国国家版本馆 CIP 数据核字第 2025JR7769 号

书　　名　抗裂钢纤维混凝土及变形缝防水技术地铁工程应用

著　　者　周　政　刘　栋　黄邦宜　李焕君　王晓宇

责任编辑　何晓明　李　敬

出版发行　中国矿业大学出版社有限责任公司

（江苏省徐州市解放南路　邮编 221008）

营销热线　(0516)83885370　83884103

出版服务　(0516)83995789　83884920

网　　址　http://www.cumtp.com　**E-mail**:cumtpvip@cumtp.com

印　　刷　苏州市古得堡数码印刷有限公司

开　　本　787 mm×1092 mm　1/16　**印张** 7　**字数** 137 千字

版次印次　2025 年 5 月第 1 版　2025 年 5 月第 1 次印刷

定　　价　31.00 元

（图书出现印装质量问题，本社负责调换）

前　言

随着我国经济社会的高速发展，对于混凝土，无论是从原材料的选择、配比的优化、掺合料的种类、外加剂的多样化，还是从生产、运输和施工的各个方面，都发生了天翻地覆的变化。这些变化对混凝土的物理和化学性能、现代化施工工艺、特殊自然环境下的耐久性等各个方面提出了新的要求。因此，需要对混凝土自身的性能、施工工艺等进行全面的升级来满足新的要求。但耐久性问题依然存在，严重威胁到建筑物的安全。研究认为，出现耐久性问题主要是混凝土裂缝导致的，混凝土裂缝一旦出现，会使混凝土内部与空气直接接触，空气中的有害杂质便进入混凝土内部，混凝土内部钢筋就会被有害杂质所锈蚀，导致混凝土与钢筋出现松动，从而使包裹钢筋的混凝土出现严重的脱落。混凝土早期开裂问题在现浇混凝土结构构件中成为最常见的技术问题。

关于早期裂缝产生的众多问题，国内外进行了大量的研究，并取得了一些优秀成果。但是对于混凝土裂缝分级抗裂的研究依然处于初始阶段。为了找到更好的办法解决混凝土早期开裂的问题，本书依托实际地铁工程，进行了钢纤维混凝土的抗裂性能、变形缝的防水方法研究，得到了一套完整的、适用于地铁工程中的钢纤维混凝土施工工艺及变形缝防水施工工艺。

在当前城市轨道交通和大型地下工程建设中，混凝土结构的抗裂与变形缝防水性能的提升是确保结构安全稳定和后期正常运营的关键技术问题。本书以深圳市城市轨道交通14号线工程为背景，围绕大平台超大尺寸混凝土结构的抗裂性能和变形缝的防水效果展开了试验研究和现场实践应用，评估了现有变形缝防水措施的局限性，进行了技术创新和工艺改进，研究成果达到了工程安全标准和使用寿命要求。通过添加钢纤维改变混凝土的微观结构，提升混凝土结构的抗裂性能；同时采用先进的变形缝防水技术确保结构的长期防水稳定性，优化施工工艺，确保超大尺寸混凝土结构的安全性和运营质量。本书的主要研究内容及研究成果如下：

① 开展了钢纤维混凝土力学性能试验以及抗裂性能试验，对比了不同钢纤维掺量的混凝土与素混凝土之间的抗裂性能，确定了钢纤维的最佳掺量为2.0%；加入适量的钢纤维，可以有效改善混凝土的微观结构，钢纤维的添加能够显著提升混凝土的抗裂性和整体稳定性。钢纤维的添加也降低了混凝土的收缩率、泌水率，改善了温控性能，减少了由温差引起的裂缝和损伤，揭示了钢纤维对混凝土多方面性能的积极影响。

② 进行了变形缝防水构造设计，分析了中埋式和后埋式止水带优缺点，改进了后埋式止水带接水槽的设计，提出了后埋式止水带的施工工法并开展了现场试验。试验结果表明，后埋式止水带展现出更好的结构变形适应性，无明显损伤或功能丧失，而中埋式橡胶止水带在一定的结构变形下出现损伤，说明后埋式止水带可有效解决变形缝的渗漏问题。提出并优化了后埋式止水带在超大结构变形缝防水应用中的新工艺，该工艺在现场长期蓄水试验中表现出卓越的防水效果和结构适应性。

③ 优化了混凝土浇筑流程，应用了分段跳仓施工方法，提出了合理的分段长度和跳仓间隔，优化了钢纤维混凝土的施工工艺，降低了混凝土的收缩和温度应力，降低了混凝土抗弯、抗拉及抗裂性能损失，延长了平台使用寿命。确定了变形缝和防水层的施工工艺，为建筑结构安全提供保障，有力地保证了混凝土结构的性能和使用寿命。

本书从实际工程出发，提出大顶板混凝土开裂渗漏的科学问题，针对该问题进行钢纤维混凝土及变形缝防水设计研究，并配套钢纤维混凝土施工及变形缝防水施工工艺，最终应用于工程实际，解决了工程中的问题。本书内容完整，理论联系实际，可供相关专业的科学工作者与高等院校师生阅读参考。

本书写作过程中，多次进行了研讨和现场调研，得到很多朋友和同事的帮助，感谢他们对本书的内容提出了宝贵的修改意见和建议。

由于水平有限，书中不妥之处在所难免，敬请广大读者和同仁批评指正。

著　者
2024 年 10 月

目　录

第1章 绪 论

1.1 概述

地铁作为一种城市交通工具,被认为是少污染、低能耗的“绿色通道”,在解决城市交通堵塞问题方面发挥着关键作用。城市的绿色可持续发展对我们至关重要,而地铁车辆段作为地铁系统的重要组成部分,扮演着多重角色,包括地铁运营指挥、调度、控制、车辆停放、维修以及提供上部建筑的办公、住宿和物业开发功能。但其巨大的占地面积、庞大的体量和高防水要求等特征,使得地铁车辆段的设计和施工面临着独特的挑战。

地铁车辆段的大平台具有极大的平面尺寸,通常长达400～500 m甚至以上,宽度在200～300 m及以上。为了应对超大尺寸变形协调问题,通常采用设置变形缝等措施。然而,过多的变形缝可能会对防水性能产生负面影响,因此需要平衡二者的关系。地铁车辆段采用了大尺寸单块混凝土结构,但由于混凝土的收缩应力和温度应力的影响,容易出现结构开裂的问题,进而引起渗漏问题[1-2]。因此,在大平台的防水层上,除了依靠防水材料本身,还需要加强混凝土的自身防水性能,特别是提高混凝土的抗裂强度,以应对这些挑战。

混凝土自身的抗拉性能较差、应变能力较低,且阻裂性能较弱。为了解决上述问题,学者们尝试在混凝土中加入合成纤维[3]、金属纤维[4]、天然纤维[5]以及矿物纤维[6]等来改善其力学性能。纤维增强混凝土是一种新型的建筑材料,虽然造价比普通混凝土高,但由于其具有减轻结构自重、密实度高、节省原材料与孔隙率较低等优点[7-9]，所以更具有优势。早期的混凝土收缩问题会加剧，这对混凝土的早期体积稳定性非常不利[10]，而钢纤维具有较高的弹性模量，能够有效约束水泥基复合材料的收缩[11-16]，对于解决早期稳定性有较好的效果。

混凝土抗裂是一项复杂的系统工程，涉及混凝土材料、外部环境条件、约束条件以及设计和施工等多个因素。国家规范和设计研究尚未全面解决设计中存在的不足，因此需要深入研究混凝土开裂机理，分析引起开裂的应力，并通过多种措施如建模计算、检测、试验和项目实施等，以实现混凝土抗裂。在使用过程中，大型建筑和桥梁等结构会受到温度、湿度、荷载等因素的影响而发生变形。为了应对这些变形，工程设计中通常会设置变形缝，以减缓结构的应力和变形，确保结构的安全性和稳定性。变形缝一般缝宽为10～30 mm[17]，是结构的重要组成部分，通过研究和实施有效的防水措施，可以提高结构的耐久性。防水设计有助于防止水分渗透，减缓结构材料的老化和腐蚀，可以延长结构的使用寿命。在结构设计和施工阶段考虑变形缝的防水性能，可以降低后期维护和修复的成本。有效的防水措施降低了结构受损的可能性。防水措施不仅影响结构本身的性能，还对结构内部的室内环境产生积极影响，防止水分渗透可以预防霉菌和细菌的滋生，维护建筑内部空气质量。

此外，为减小可能引起裂缝的影响，应在可能产生应力集中和裂缝的部位设置变形缝，通过优化设计和改进施工节点，提高变形缝的防水效果。变形缝在结构中起到缓冲和吸收变形的作用，防止由于温度变化、地震等引起的裂缝和损伤。然而，变形缝本身也可能成为水的渗透通道，因此需要研究防水措施，以维护结构的耐久性。

1.2 混凝土开裂研究现状

1.2.1 原材料及早期收缩与开裂机理的研究

在初始阶段，随着水泥水化作用的进行，混凝土的温度会在浇筑后的一定时间内逐渐升高。混凝土表面持续与空气或其他物体进行热交换，导致了混凝土内部温度分布的不均匀，形成了一个复杂而不均匀的温度场[18]。混凝土收缩不仅会发生在混凝土表面，也可能发生在混凝土内部[19]，混凝土的早期收缩变形大部分来自混凝土的自收缩[20]。自收缩这一概念在19世纪30年代由Lyman[21]首次提出。因混凝土收缩引起的裂缝占80%左右[22-24]，随着高性能混凝土的发展，自收缩引起了广泛关注。自收缩是指在封闭系统内，试件不与外界发生物质交换而产生的自身体积干燥收缩。Mehta等[25]将其描述为封闭系统中水泥浆体的实测变形。混凝土在不饱和空气中会发生体积收缩，但在水中则会发生体积膨胀[26]。

在探讨混凝土组成成分对其自收缩性质的影响方面，Miyazawa等[27]的研究调查了水灰比、骨料特性以及混凝土种类对混凝土内部水分含量及自身收缩率的影响。Zhang等[28]的研究发现，水灰比在特定范围内的增加会导致混凝土自收缩程度的降低。另外，李家和等[29]的研究对比了硅灰、细磨矿渣和细磨粉煤灰等几种常见掺合料对混凝土自收缩的影响，发现细磨粉煤灰可以减少混凝土初期3 d内的体积收缩，而细磨矿渣和硅灰则有加大初期体积收缩的作用。

在混凝土早期抗拉强度研究方面，金贤玉等[30]通过改进的轴拉强度试验发现，混凝土的早期轴拉强度随着龄期的增长而增大。江晨晖等[31]的试验结果表明，对于高强混凝土而言，无论是轴拉强度还是劈拉强度，早期的强度发展均十分迅速。张涛等[32]通过单轴约束试验研究了几种配比不同的早期混凝土的力学性质，得到了与混凝土配比相对应的抗拉强度和弹性模量发展模型。Tichy等[33]通过多次试验总结出了不同配比混凝土早期抗拉强度和抗压强度的关系，并通过抗压强度试验获得了混凝土早期的抗拉强度。在混凝土的早期断裂性能方面，林辰[34]研究发现混凝土早期断裂韧度与孔隙率、抗压强度之间具有一定的关系，其中断裂韧度和孔隙率的关系接近直线关系。沈毅[35]使用双参数模型研究了普通混凝土和高强混凝土的早期断裂性能，结果显示高强混凝土的两个参数均高于普通混凝土。

混凝土的干燥收缩问题，一直是混凝土科学研究中的一个主要课题，随着原材料种类的日益增多，引起混凝土开裂的因素也变得日益复杂。混凝土开裂最根本的原因就是原材料的各个性能参差不齐以及原材料之间的相互组合。以下主要是总结前人对混凝土原材料方面的研究成果。

① 水泥用量:Carlson 等[36]采用圆环试验研究水泥浆的性能,发现极限抗拉应变会随着水泥用量的增加而增强,但同时混凝土的收缩也随之变大,收缩产生的应力完全大于混凝土的应变能力,结果表明混凝土抗裂性能没有得到提高。直到 1995 年,Bloom 等[37]的研究对这一观点也进行了进一步证实——混凝土中水泥用量越大,混凝土开裂的可能性就越大。

② 水泥细度:Brewer 等[38]研究表明,细度越细比表面积越大,比表面积越大就越会加大水泥水化的速度,会在短时间内放出大量热量,大量热量无法释放时就会产生温度收缩和自收缩,从而增大混凝土开裂的可能性。

③ 水胶比:文献[39]研究表明,随着水灰比降低,混凝土的强度随之变大,弹性模量也随之变大,应力松弛却变小,混凝土的徐变和收缩也相应降低,这样会使得水泥浆和混凝土的开裂趋势更加明显。

④ 矿物掺合料:国外学者 Wiegrink 等[40]研究表明,硅灰的掺入可以明显提高混凝土早期强度,但是却增加了开裂的可能性,矿渣和粉煤灰的抗裂效果良好。高小建等[41]使用平板试验研究粉煤灰对开裂的影响,发现随着粉煤灰含量降低,弹性模量、徐变量和应力松弛得到增强,混凝土早期抗裂性能得到明显改善。王雪芳等[42]研究表明,矿粉掺量为 40%时其抗裂性能最佳,超出该界限其开裂性能又开始下降。樊乐涛[43]发现粉煤灰不同掺量与抗裂分级相对应,以水胶比为 0.38 的为一组,粉煤灰掺量分别为 20%、30%、40%,结果显示粉煤灰掺量为 30%时,其抗裂效果最优,40%的粉煤灰其抗裂效果略差,20%的粉煤灰不抗裂,由此可知粉煤灰掺量并不是越多越好,但也不是越少越好,而是存在一个适当的临界值。马政等[44]的研究表明,用粒化高炉矿渣部分替代建筑用砂可以有效降低混凝土的干燥收缩。

⑤ 养护方法:文献[45]研究显示,混凝土采用良好的养护可以减小混凝土的徐变,混凝土内部应力松弛影响也会降低。同时,应力松弛发展速率比混凝土抗拉强度提高速率更小时,将增大混凝土开裂的可能性。文献[46]研究显示,采取合理有效的养护可以抑制混凝土开裂,但是混凝土如果长时间处在高湿度养护环境中开裂的可能性增大。钱晓倩等[47]研究表明,早期养护可以有效减小收缩和抑制早期裂缝。周富荣[48]研究表明,喷雾养护和密封养护均可减小收缩,但必须保证养护的及时性。张艳玲等[49]通过室内、室外环境(25～38 ℃,湿度>80%)和盖湿麻包袋三种养护制度研究,发现相

同配比的混凝土试件放置在同环境下其首裂时间提前了，裂缝的数量、长度、面积以及宽度都在增大。Menu 等[50]的试验结果验证了适当的表面养护措施可以明显减少新铺设混凝土的早期体积变化。

1.2.2　混凝土收缩开裂机理研究

在实际工程中，混凝土裂缝的出现都是由于混凝土收缩变形而导致的。国内外关于收缩变形进行了大量理论及试验研究，然而由于混凝土收缩变形的复杂性和影响因素众多，所以需要对其进一步探讨研究[51]。混凝土的收缩一般包括塑性收缩、自收缩、干燥收缩、温度收缩以及碳化收缩五种类型。

（1）塑性收缩

塑性收缩主要是由混凝土在未凝结硬化前表面失水过快而引起毛细管压力的变化，使混凝土表面发生收缩。当混凝土拉应力受到收缩不均匀影响时，就会导致混凝土开裂，从而降低混凝土耐久性。造成混凝土塑性收缩开裂的主要原因是水灰比、集料的配合比以及水泥水化的影响。同时，外部环境中温度、湿度、风速及养护方式对混凝土塑性收缩也会产生影响，如图 1-1 所示。文献[52]指出，当混凝土表面水分蒸发量大于 0.5 kg/(m^2・h)时，混凝土内部收缩应变因为毛细管压力而导致。研究表明[53-55]：随着水胶比的增大，混凝土水分散失率以及塑性收缩相应增大；随着粉煤灰掺量的增加，其塑性收缩的发展趋势为先减小后增大，矿粉和硅粉的掺入量与塑性收缩也呈线性关系，减水剂的掺量与塑性收缩呈线性关系，外界环境中风速大、湿度低会导致塑性收缩变大。

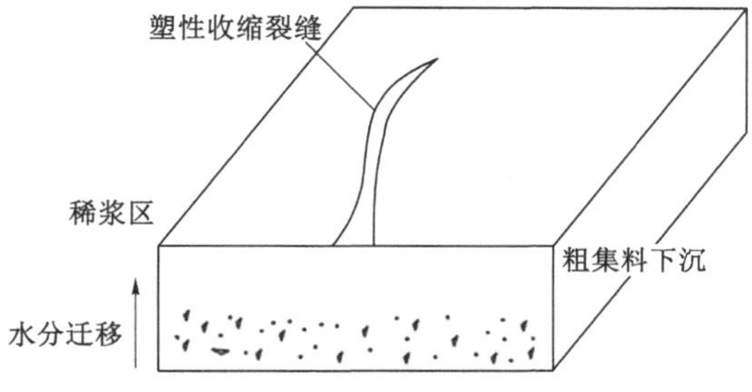

图 1-1　塑性收缩开裂示意图

（2）自收缩

自收缩是指没有与外部环境湿度进行交换，直接由混凝土内部水化反应引起的自身收缩的现象。研究表明，混凝土自收缩主要发生在初凝到 1 d 龄期内，后期的发展速度很慢[56]。在这里需要特别强调一下，自收缩与化学收缩不能混为一体，化学收缩会引起自收缩，但是两者之间完全不同，自收缩是化学收缩的一部分。

图 1-2 为化学收缩与自收缩的关系图。19 世纪 40 年代，Davis[57-58]将自收缩进行定义，认为自收缩是由于混凝土内部自身的化学反应和物理反应之间的转化而导致的体积变形，与环境温湿度变化无关，同时与外部荷载产生的应力也无关。对自收缩影响的主要因素是水胶比，其次是不同水泥种类以及不同种类和掺量的矿物掺合料，最后是外加剂及养护等因素的影响。研究表明[59-62]，随着水胶比的降低，混凝土自收缩也随之增大。在粉煤灰和矿粉掺量合理的情况下，混凝土自收缩会随着粉煤灰和矿粉的掺量增加而降低。对养护温度分别为 20 ℃和 40 ℃对比发现，养护温度高自收缩在早期的发展快，而到后期就会变慢且小于低温下的自收缩值。

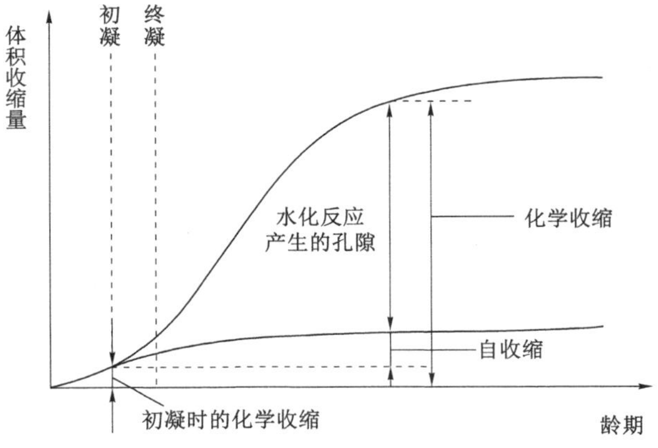

图 1-2　化学收缩与自收缩的关系图

（3）干燥收缩

干燥收缩是指混凝土停止养护后，环境中的空气在不饱和状态下内部失水所引起的收缩变形。目前，针对干燥收缩机理的研究存在以下三种理论:毛细管张力理论、拆开应力理论以及层间水迁移理论[63]。在这三种理论中,毛细管张力理论不仅可以更好地解释干燥收缩现象,而且也能解释说明自收缩现象。毛细管张力理论是目前解释干燥收缩中最能让人信服的一种学说。毛细管张力理论主要认为:当环境湿度相对较低时,混凝土中的毛细孔隙的水分散失而形成弯月面,同时在毛细孔中会产生毛细管负压,从而导致干燥收缩。文献[64]研究表明,干燥收缩与蒸发失水之间存在一定的线性关系,水分蒸发越多干燥收缩越明显。导致干燥收缩产生的因素众多,不仅仅与水泥用量、水灰比等因素有关,还与周围环境温湿条件有直接关系。国内外大量研究矿物掺合料对混凝土干燥收缩的影响,均表明随着粉煤灰和矿粉掺入可以有效抑制混凝土的干燥收缩[65-67]。

(4) 温度收缩

温度收缩是由于混凝土内部水泥水化使得内部温度升高,与外部温度形成较大温差,当混凝土开始降温时,混凝土内、外的降温速率不协调,就会导致混凝土内、外出现温度梯度。温度裂缝主要发生在大体积混凝土或者高强混凝土中。水泥水化放出大量的热量,热量无法及时散发,就会导致混凝土内部产生较大的温度差,当混凝土内部产生的温度应力大于极限抗拉应力时就会产生裂缝。影响温度收缩的因素有很多,最根本的就是水泥不同种类和用量、水胶比大小、矿物掺合料不同种类和不同掺量变化,外部因素包括混凝土入模时的温度、风吹日晒的辐射、结构的大小等。研究表明[68],水泥用量过大,外界辐射过大,混凝土入模温度过高,环境中的温度变化幅度过大,都会直接加大混凝土温度收缩。研究显示[69],在隔热状态下,50 kg 水泥水化会造成 5~8 ℃的温升,在前 12 h 水泥水化上升明显。

(5) 碳化收缩

混凝土的碳化收缩指水泥水化生成的 $Ca(OH)_2$ 与空气中 CO_2 发生反应的过程。碳化过程中大量水分的散失,最终导致体积的变小[70]。碳化收缩一般来说仅局限于混凝土表面的区域,随着掺入大量矿物掺合料,干燥收缩与碳化收缩的叠加会引起混凝土严重的开裂。导致碳化收缩的大致为三个因素:首先是大气中 CO_2 浓度大小,其次是水泥水化产物的碱度,最后是环境的相对湿度。混凝土各种收缩是引起混凝土开裂最根本的原因,而我们研究收缩的目的不只是为了得到收缩值的大小,更是为了研究收缩对混凝土开裂趋势的影响。

1.3 纤维混凝土抗裂性能研究现状

1.3.1 玄武岩及聚丙烯纤维混凝土研究现状

玄武岩纤维是一种新型无机环保绿色高性能纤维材料，颜色为褐色，由二氧化硅、氧化铝、氧化铁等物质构成，经 1 450～1 500 ℃的高温处理拉丝而成[71]。玄武岩纤维具有很多优点，它抗氧化、抗辐射、绝热、隔音、过滤性好且性价比高，是一种无机非金属材料。它掺入混凝土内可充分改善混凝土的力学性能、耐久性及抗裂抗渗性能。

魏昆仑[72]研究得出玄武岩纤维长度为 12 mm 时对橡胶混凝土的力学性能最优，粒状和粉状橡胶混凝土抗压强度可分别提升 8.3%和 2.4%，掺入适当的纤维能在混凝土基体内形成特殊空间网络体系并增强力学性能。

符德等[73]分析了不同玄武岩纤维体积掺量(0%、0.1%、0.2%、0.3%、0.4%)对混凝土力学性能的影响后发现：当体积掺量为 0.3%时，玄武岩纤维有利于提高混凝土的抗折强度和劈裂抗拉强度，也能改善混凝土的抗裂性能。

杨进勇等[74]通过试验研究得到了玄武岩纤维和碳纤维掺量分别为0%、0.1%、0.2%和 0.3%时两种混凝土冲击压缩下的应力-应变曲线，对比分析两者的增韧特性后发现，0.2%是最佳纤维体积掺量，且玄武岩纤维的韧性优于碳纤维。

徐剑等[75]的研究表明，玄武岩纤维可有效改善水泥基复合材料的性能，纤维长度对砂浆抗裂性能影响最大，当纤维体积掺量为 0.1%时砂浆综合性能提升最为显著。

邓宗才等[76]的研究表明，玄武岩纤维掺量为 2.8 kg/m^3 的初裂冲击次数比掺量为 2.1 kg/m^3、1.7 kg/m^3时可分别提高 62%和 95%，玄武岩纤维可有效改善混凝土的抗弯冲击性能。

Dasana 等[77]进行了聚合物改性玄武岩纤维增强混凝土试验，纤维掺量以水泥质量的 1%为间隔，在 1%～5%之间变化，发现混凝土强度随着纤维掺量的增加能得到明显改善。

丁皓等[78]采用多种指标来评价玄武岩纤维对不同沥青混合料抗裂性能的影响,结果表明:玄武岩纤维可有效改善沥青混合料的抗裂性能,能降低裂缝扩展的速度。

崔鹏[79]的研究表明,相较未掺纤维的再生混凝土,当纤维含量为0.15%时,再生混凝土力学性能提升最为显著。

Wu等[80]探讨了玄武岩纤维增强混凝土(FRF)的工程和机械性能,当玄武岩纤维体积掺量为0.125%、0.25%、0.375%和0.5%时,添加纤维可以显著提高FRF的韧性和抗裂性能。

Li等[81]研究了玄武岩纤维体积分数、温度梯度和冷冻-解冻循环次数对玄武岩纤维增强混凝土(BFRC)的抗压强度、韧性指标、劈裂拉伸强度和弯曲强度等性能的影响,结果表明:当纤维体积分数达到0.1%时,BFRC的抗压强度最高、劈裂拉伸性能下降最快,添加玄武岩纤维可以减少混凝土微观结构的损伤和提高力学性能。

刘汝超等[82]分析了玄武岩纤维对混凝土耐久性的影响规律,结果表明:当纤维质量分数为0.05%、长度为18 mm时,相较素混凝土,平均渗水高度降幅可达42%;当掺量为0.10%时收缩率最小,混凝土裂缝的平均开裂尺寸可降低60%,裂纹长度可降低43%,玄武岩纤维可有效改善混凝土的抗裂抗渗性能。

徐存东等[83]选取了不同掺量的玄武岩纤维混凝土和素混凝土进行冻融试验研究,结果表明:当玄武岩纤维体积掺量为0.15%时,纤维的掺入可有效减缓混凝土在盐冻侵蚀作用下力学性能的衰减速率,并对混凝土试块裂纹的扩展、孔隙的增加有阻碍作用。

聚丙烯纤维是由丙烯聚合反应而成的一种合成纤维,属于等规聚丙烯,商品名为丙纶[84]。聚丙烯纤维质轻、强度大、耐腐蚀、耐热[85]。将低掺量聚丙烯纤维混入混凝土基体,可以减小混凝土初凝阶段出现的微小裂缝、塑性收缩等缺陷,使混凝土抗冻性、抗冲击等方面的能力有所提升[86]。聚丙烯纤维的化学性质比较稳定,在混凝土拌合物中极容易分散,并在聚丙烯纤维混入混凝土中时,对于微裂纹在混凝土试块中的萌生与发展可以起到有效的控制效果,从而达到混凝土抗渗目的,极大地提高了防裂性能,实现了抑制混凝土损伤劣化作用。

谢静[87]和 Messes[88]对杜拉纤维与聚丙烯纤维对混凝土基体裂纹扩展的增益效果进行了研究，结果表明：杜拉纤维与聚丙烯纤维对混凝土收缩裂纹都有一定的阻碍作用，继而可以改善抗裂性及抗渗性能。

刘新荣等[89]从复合材料界面性能的角度，对纤维混凝土聚丙烯纤维和基体材料的增强机理进行了分析，发现对于混凝土抗冲击韧性性能最好的纤维掺量是 1.2 kg/m^3，同时推导了纤维与基体材料间的力传递模型。

李学英等[90]认为，混凝土中掺入聚丙烯纤维 0.1%时，相较普通混凝土而言，混凝土拌合物泌水率下降 39%，28 d 抗折强度增加 21%，劈拉强度为 46%，拉压比增加 45%。

唐百晓[91]研究发现，掺 0.10%聚丙烯纤维混凝土试件收缩过程中裂缝面积、最大裂缝宽度和失水速率都小于普通混凝土，试样的拉伸应力及抗渗性能均最好。

程红强等[92]的研究表明，聚丙烯纤维在混凝土冻融循环过程中起着较大的作用，掺入一定量的聚丙烯纤维，能有效地改善混凝土抗冻性能，并且随聚丙烯纤维体积掺量增大而增大，强度损伤逐步降低，当冻融循环次数为 75 次时，混凝土试块强度损失高达 77.7%，当掺量达到 1.5 kg/m^{3}后，混凝土试块强度增益可以达到 240.3%。

徐晓雷等[93]对一定掺量纤维混凝土与素混凝土抗渗性能进行了试验对比研究，结果表明：聚丙烯纤维的体积掺量在 0.15%的情况下，抗渗性能有明显的改善，纤维可以有效地减小混凝土内部应力强度因子，抑止裂缝出现与发展。

付长海[94]对 5 组聚丙烯纤维掺量和基准混凝土试件进行了 1～5 kg/m^{3}的试验研究，基准混凝土的渗水高度均值最大，掺入纤维能有效提高试件抗渗性能，并随纤维掺量继续增加，试件的抗渗性能逐渐提高，当掺量大于 3 kg/m^{3}时，渗水高度下降幅度减小，抗渗性能稳定。

张讯等[95]的试验研究表明，聚丙烯纤维的掺量由 0.6 kg/m^3 增加至 1.5 kg/m^3，混凝土试件的抗折强度提高了 2%～20%，劈裂抗拉强度可以提高 3%～22%，平均渗透高度降低 18.5%～62.2%。由此可知，将聚丙烯纤维掺入混凝土中，能有效地改善混凝土抗裂增韧和减少脆性。

张秉宗等[96]的研究显示，聚丙烯纤维可以有效地提高腐蚀介质作用下混凝土循环次数，能有效地降低混凝土微粒脱落，掺量 0.9 kg/m^3 的聚丙烯纤维混凝土比素混凝土质量损失降低 3.62%，可以改善混凝土拌合物微观孔隙。

根据以上研究可知，单一掺入玄武岩纤维、聚丙烯纤维之后，能极大地改善内部空隙的特性和分布，使得结构更致密，混凝土的力学性能、抗裂性能和抗渗性能可以进一步提高。

1.3.2 钢纤维混凝土研究现状

Afroughsabet 等[97]通过试验研究了金属纤维加强的高性能混凝土在干燥收缩条件下的抗裂性能，发现混凝土内部的金属纤维可以有效地减小表面干裂的宽度。Mangat 等[98]研究认为，在水泥基材料中添加钢纤维可以有效减少收缩。林鸿斌等[99]研究认为，只有在混凝土中适度添加钢纤维才能有效抑制收缩裂缝的生成。刘毅等[100]研究认为，钢纤维有助于改善混凝土内部的孔结构。程红强等[101]研究表明，钢纤维能够有效阻断混凝土内部的泌水通道。秦鸿根等[102]研究表明，钢纤维混凝土的干燥收缩与其养护的期限相关。Young 等[103]研究表明，钢纤维对混凝土干燥收缩的限制主要是通过与基体之间的黏结摩擦力实现的。孙伟[104]研究表明，在钢纤维水泥基材料中，钢纤维与水泥基材料接触面之间形成了一个界面层。于俊超等[105]通过超声波证实了该界面层的存在。此外，添加矿物掺合料和外加剂等添加剂可以使界面层更加紧密，从而降低对纤维混凝土性能的影响[106]。

为了增强混凝土的早期抗裂性能和韧性，可在混凝土基材中添加金属纤维。特别是钢纤维混凝土，其在纤维混凝土的应用中发展迅速、应用广泛[107]。也有许多研究表明[108-115]，在混凝土试验构件中掺入钢纤维，能够改善混凝土构件的应力分布。钢纤维混凝土由于其优越的物理力学性能，已成为当今土木工程结构中应用比较普遍的纤维混凝土。2006 年，时冬冬[116]从钢纤维尺寸、钢纤维掺量和钢纤维分布三个方面对钢纤维对混凝土弯曲性能的影响进行了分析，结果显示：钢纤维掺量越高混凝土的弯拉强度越大，而不同长径比的钢纤维对混凝土的增韧效果不同。汤寄予等[117]研究表明，钢纤维能提高混凝土的强度和弯曲变形能力，不同类型的钢纤维对弯曲韧性的提高程度也不同。丁一宁等[118]通过对钢纤维混凝土梁进行弯曲性能试验,分析比较了不同弯曲韧性标准的不同。赵臻真[119]对钢纤维混凝土的弯曲韧性进行研究发现,钢纤维混凝土的韧性指标随着钢纤维掺量的增加而增加,不同类型的钢纤维对增韧效果的影响不同。陈升平等[120]研究表明,在较低强度等级的混凝土中增加钢纤维的比例会显著提高其抗压强度,而在高强度混凝土中增加钢纤维比例对抗压强度的提升效果较小,并指出钢纤维的大量使用不仅增加了混凝土的压缩变形能力,还提高了其极限压缩应变,超过了常规规范的要求。Thomas 等[121]的研究进一步验证了随着混凝土强度等级的提升,钢纤维对混凝土抗压强度增强效果的减小。黄彪等[122]研究发现,钢纤维的添加不仅提升了混凝土在受压时的峰值强度和峰值应变,同时增加了混凝土的峰值强度和应变,进而提升了其延性和韧性。在钢纤维的形状选择上,赵顺波等[123]研究发现,端钩型钢纤维的增韧性能最好。Ren 等[124]同样发现,端钩型钢纤维对弯拉强度有增强作用。此外,有其他的结论也表明,端钩型钢纤维相较平直型等钢纤维,对抗弯性能的提升效果最好[125-127]。

1.4 变形缝防水技术研究现状

地铁作为城市交通的重要组成部分,其结构具有深埋、闭合、长距离等特点。施工过程中会根据设计和规范的要求预留变形缝[128]。为了优化混凝土伸缩缝功能,解决混凝土伸缩缝渗漏问题,需要设计合理的混凝土伸缩缝止水技术。相邻变形缝的间距不超过 30 m[129]。设置变形缝是为了应对地铁结构在温度、湿度、荷载等因素变化时的伸缩和位移。然而,变形缝的存在也成为防水中的薄弱环节,一旦防水处理出现问题,就可能导致渗漏,影响地铁的安全运营。目前约有 30%的渗漏出现在变形缝位置[130],处理不当会对建筑物的整体安全性和耐久性造成影响。

目前运用在地铁工程的变形缝防水措施以水工建筑中常用的中埋式橡胶止水带为主[131]。

1.4.1 地铁变形缝防水构造现状

地下轨道交通车站站台多为岛式或侧式,以岛式居多。车站通常为地下二层至三层框架结构，三层多为换乘站。通常车站长 200～500 m，宽约 20 m，基坑深 15～25 m。车站采用钢筋混凝土自防水加全外包柔性防水相结合的复合防水[132]。常规的地下站房变形缝防水构造做法是采用中埋式止水带埋置在变形缝中心位置，有时在止水带迎水面一侧预埋注浆管或固定传力杆。侧墙和底板的变形缝迎水面采用外贴式止水带，其外侧增加防水卷材或涂料加强层[133]。表 1-1 所列为地下轨道交通站台变形缝防水构造工程实例。区间隧道一般采用盾构法施工，其防管片或管节间接缝采用柔性防水，接缝柔性防水通常采用多孔型三元乙丙橡胶密封垫[134]。当区间隧道采用暗挖法施工时，其隧道防水以二次衬砌混凝土自防水为主，辅以初期支护和二次衬砌间的防水板柔性防水，如高分子自黏胶膜防水卷材等[135]。

表 1-1 地下轨道交通站台变形缝防水构造工程实例

建筑工程名称	建成年份	建筑描述	基础埋深	地下水位	变形缝构造
郑州市轨道交通 2 号线关虎屯站	2013	明挖施工的地下双层双跨结构岛式站台，高 14.16 m	7.8～8 m	9～13 m	底板、侧墙：中埋钢边橡胶止水带＋SBS 改性沥青防水卷材＋SBS 卷材加强层＋外贴式止水带
洛阳市轨道交通 1 号线解放路站	2018	地下三层岛式车站，站台标准段高度 23 m	标准底板埋深 25.41 m	23.3～25 m，变幅 2 m	底板和侧墙：中埋钢边橡胶止水带＋外贴式止水带＋预埋注浆管；顶板：密封胶＋中埋式止水带＋不锈钢接水盒
北京地铁 16 号线某地铁车站	2016	结构宽 24.1 m，高 17.12 m	覆土厚度为 13～17 m	9～13 m	侧墙与顶板：中埋式钢边橡胶止水带＋防水卷材加强层＋不锈钢板接水盒＋双组分聚硫密封胶嵌缝
无锡地铁 3 号线	2018	标准段外包宽 19.6 m，明挖法施工	基坑深度约 15.83 m	23～25 m	顶底板和侧墙：变形缝中部中埋式钢边橡胶止水带＋衬垫板填实＋迎水面密封胶
青岛地铁 3 号线一期工程	2014	总长 24.8 km，大多采用矿山法施工，单线单洞隧道形式	埋深 3～7.5 m	地下水量为贫至极贫，涌水量较小	顶板与侧墙：中孔型外贴式止水带＋衬垫板＋中埋式中孔型钢边橡胶止水带＋聚硫密封胶嵌缝

郑州市轨道交通 2 号线关虎屯站的顶底板及侧墙变形缝中均设置中埋式钢边止水带于变形缝中心位置，缝内其余部分填充衬垫板，背水面端设置 PE 泡沫棒[136]。如图 1-3 所示，关虎屯站顶板变形缝迎水面采用高模量密封胶封缝，底板（图 1-4）与侧墙（图 1-5）的变形缝迎水面设置外贴式止水带。该变形缝防水构造做法与轨道交通 1 号线西三环站变形缝的构造做法基本相同。

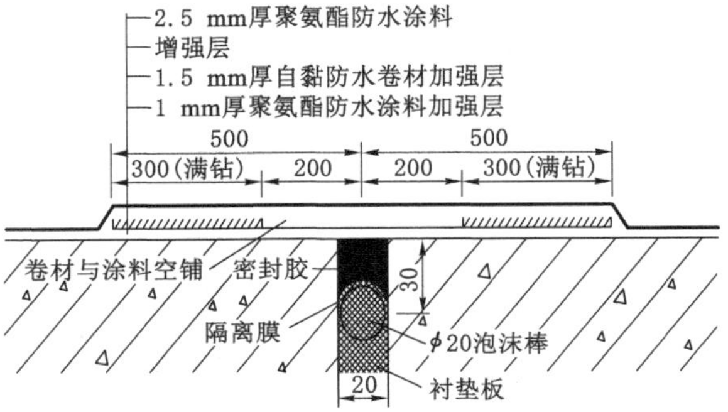

图 1-3 郑州地铁关虎屯站顶板变形缝防水构造[136]

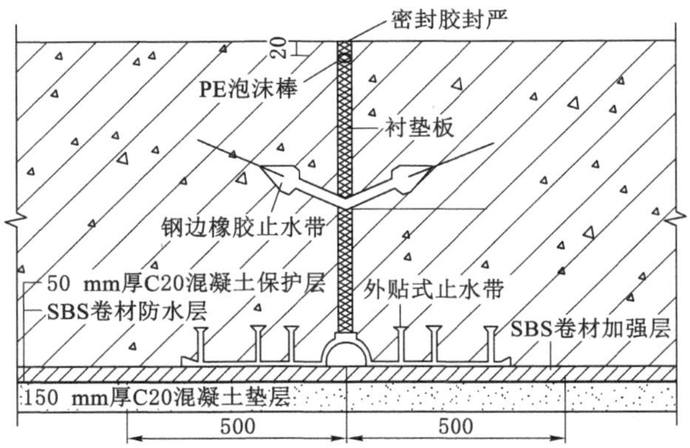

图 1-4 郑州地铁关虎屯站底板变形缝防水构造[136]

自上海地铁运行以来，地铁隧道已表现出严重的纵向差异沉降特征。不均匀沉降对隧道结构内力和接缝防水有重要影响，尤其是处于地质软区

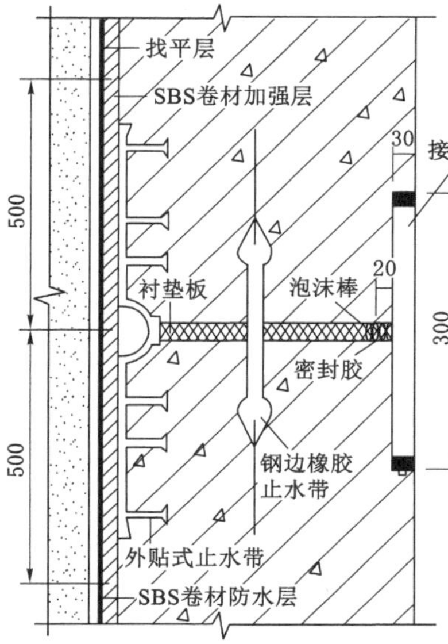

图 1-5 郑州地铁关虎屯站侧墙变形缝防水构造[136]

的地铁隧道更容易形成许多不同大小的沉降槽。沉降槽内的沉降差异明显，严重影响了隧道结构和地铁运行的安全。Cui 等[137]从时间和空间的角度出发，结合曲线拟合来预测沉降槽内的长期沉降。

地下轨道交通工程渗漏，主要发生在轨道交通车站的顶板、侧墙等混凝土结构裂缝处，以及变形缝、施工缝等细部[138]。暗挖法区间隧道的渗漏主要发生在二次衬砌的拱顶、边墙部位以及环向施工缝处等。先天不足的地质环境，容易引起地下建筑工程的渗漏水。另外，地下建筑工程通常都会受到地面车辆通行或者地上建筑承载的各种城市功能的震动干扰，变形缝处的结构混凝土以及各防水层频繁承压容易受到破坏。地下施工环境复杂，温度变化时常发生，也容易影响变形缝处的自防水结构和柔性防水层。

变形缝防水中最常用的是中埋式止水带，受材料质量、安装工艺和现场施工等多方面因素的影响，在地下建筑主体结构浇筑过程中易被破坏变形或就位不准确，导致变形缝防水系统出现不可逆转的损坏[139]。建筑防水材料质量关乎建筑安全和寿命，近年来变形缝处新型防水材料、新型防水构造试验模型以及新的防水构造做法研究都相继出现，国内外的建筑防水技术都有相应进展。以下对国内外地下建筑变形缝研究成果分类论述，通过分析现有研究成果的优势与不足，进而明确并改进本书所研究的新型止水材料的相关试验模型与构造做法。

1.4.2 变形缝处新型防水堵漏材料研究

文忠[140]发明了一种以丁基橡胶为主，与其他材料熔融共混硫化而成的变形缝专用防水堵漏胶泥，作为主要填塞型止漏密封材料。尽管该防水堵漏胶泥可以在变形缝里形成长久稳定的止水层，但此材料仅能作为地下建筑主体结构发生漏水后的止水堵漏材料，而不能形成新的防水层。

Haufe等[141]发现丙烯酸酯注射树脂用于钢筋混凝土主体结构防水时易受环境腐蚀影响，所以开发了新一代丙烯酸酯树脂凝胶，其能够灌注在混凝土裂缝内，修复蜂窝状区域，填补混凝土结构的空隙。但是地下建筑结构中混凝土的裂缝宽度与变形缝宽度还是有很大出入的，而且变形缝还会发生水平或垂直方向上的伸缩与沉降，比起裂缝更难修复，这都是需要考虑的因素。

董宝华等[142]在变形缝上端设置可与地下室底板粘接密封的封堵件，封堵件的伸缩部能够适应地基不均匀沉降自发变形；同时在常规防水卷材正对于变形缝正上方用柔性棒下压形成变形部，赋予防水卷材一定的变形空间。值得注意的是，地下空间地质环境复杂，变形部创造的可变形空间能维持的时间长短、封堵件可承受的极限沉降尚未有明确检测值，这都是影响该构造能否有效防水的关键因素。

鉴于地下变形缝的渗水维修难度和成本巨大，王龙等[143]在原有埋设中埋式止水带的变形缝防水构造中加入由止水胶层、塑料薄膜层、密封胶层和堵漏宝层构成的槽体和注浆结构，借此防止中埋式止水带开裂造成的渗水。但如此使得构造尤为复杂，施工工艺流程增多且容错率低，不适用于实际工程。

为了方便止水带的快速拆装以及避免在止水带表面开设通孔，提升止水带的整体性和使用寿命，高奇[144]设计研发出一种采用L形双头螺柱和角钢来固定的可卸式止水带。基于“黏合”概念，Cho等[145]使用胶凝复合材料与中埋式止水带表面进行黏结，并用双面胶带封闭止水带的两端，防止水从止水带纵向渗漏，诱导水横向移动。这两种新型构造适用于变形缝背水面防水及渗漏治理，属于中埋式止水带的优化改造，但最终还不能替代中埋式止水带。

张民庆等[146]为了解决止水带容易老化脱落的问题，着重针对现有中埋止水带横向刚度较低易发生偏移错位的缺点，在保留原橡胶材料性能的基础上，将一定规格的钢板按要求横向并保留一定间隔置入橡胶止水带内形成复合结构。经过抗弯性能计算与现场安装试验，证明了横向内置加筋型中埋橡胶止水带具有优良的抗压效果。尽管钢板橡胶止水带的防水性能有所提高，但钢板与橡胶止水带在性能上仍存在一定的差异，两者在长时间内是否会分离，是一个待考证的问题。

张道真[147]设计研发了一种用于构造变形缝的预制模块试验装置。该装置把变形缝防水构造的施作流程与所用材料模块化，全部由工厂预制并装配出厂，尽量减少人工因素的影响。预制模块相当于提前对地下环境做出预设，但是面对复杂的地下工程及变形缝处的具体情况时，预制模块不能灵活应对各种突发情况，存在一定的局限性。

除了工程本身的地质环境外，在清除混凝土表面杂物或者防水材料施工过程中没有按照标准流程操作，也会致使工程出现渗漏水的隐患。更有一些工程未等结构层或防水层养护完毕就做下一道防水措施，导致各防水层间连接不牢靠。另外，铺设防水卷材或安装中埋式止水带应安排专业施工队伍到现场监督施作，而不是由缺少经验和没有经过培训的钢筋工人在浇筑完其他部位后顺便安装[148]。有时现场施工环境条件差，工期紧张，也会导致防水材料安装尺寸出现错误或搭接不密实的情况发生。

材料选择与工艺创新是研究的热点。橡胶止水带在应用领域上，更多偏向于铁路隧道和地下通道[149]。有效的防水材料不仅需要具备优良的防水性能，还应具有良好的耐久性和适应性，以应对各种环境因素。随着新材料技术的发展，研究者正在寻求更高效、环保的防水材料，这些新材料不仅能提供更长久的防护，还能更好地适应不同的应用环境和条件。

质量控制和标准化也是变形缝防水研究的关键领域。通过建立和遵循严格的质量控制流程和行业标准，可以确保防水工作的质量和效果。这不仅包括施工过程中的质量管理，还涵盖了材料的选择、测试和认证过程。针对特定场景的问题解决方法也是研究的一部分。例如，屋顶和隧道等结构对防水技术提出了特殊要求。研究者通过案例研究和实地测试，探讨在这些特殊环境中有效的防水策略。

最后，长期性能和维护是变形缝防水研究不可忽视的方面，这包括了对不同防水材料和技术在实际应用中的长期表现的研究，以及对防水结构进行定期检查和必要维护的策略。

第 2 章　超大结构钢纤维混凝土抗裂性能研究

混凝土裂缝普遍存在于工程中，其扩展源于裂缝处材料的最大拉应力超过实际抗拉强度。对超长和超大尺寸结构来说，80％的混凝土裂缝是由非荷载因素引起的。结构受到约束状态下混凝土收缩和温度应力的影响，在早期易出现收缩和温度裂缝。《混凝土结构设计标准》(GB 50010—2010)规定，混凝土结构设置伸缩缝的最大间距建议值为 30 m，以减少收缩和温度变化等因素引起的裂缝。然而，随着经济社会的发展，我国公建项目体量不断增大，特别是像地铁工程这样受到车辆动荷载影响的特殊大体量结构。这导致变形缝相对于其他建筑结构更易渗漏，因此一般采用少设或不设伸缩缝的处理方案，目前常见的混凝土防裂措施包括采用预应力混凝土、纤维混凝土和收缩补偿混凝土。其中，纤维混凝土的主要类型包括钢纤维、聚丙烯纤维和 PVA 纤维等。向混凝土中添加纤维，能在其内部形成均匀的乱向支撑体系，提高黏聚性，有效抑制裂缝扩展，减少裂缝数量和宽度。

2.1　工程背景

深圳地铁 14 号线昂鹅车辆段位于沈海高速公路北侧、秀沙路西侧、淡水河南岸，占地约 40.73 hm^2。车辆段预留上盖物业开发条件并设置 2 座上盖桥梁，包括大架修库、运用库、物资总库、咽喉区、综合体等 18 个建筑单体，如图 2-1 所示。

车辆段上盖平台建筑面积为 237 298 m^2，平面尺寸可长达 400～500 m、宽

200～300 m。为了兼顾塔吊作业范围并减少变形缝数量，大平台顶板分为11个施工区，每块平均约2 000 m^2，其中最大面积为2 974 m^2，如图2-2所示。

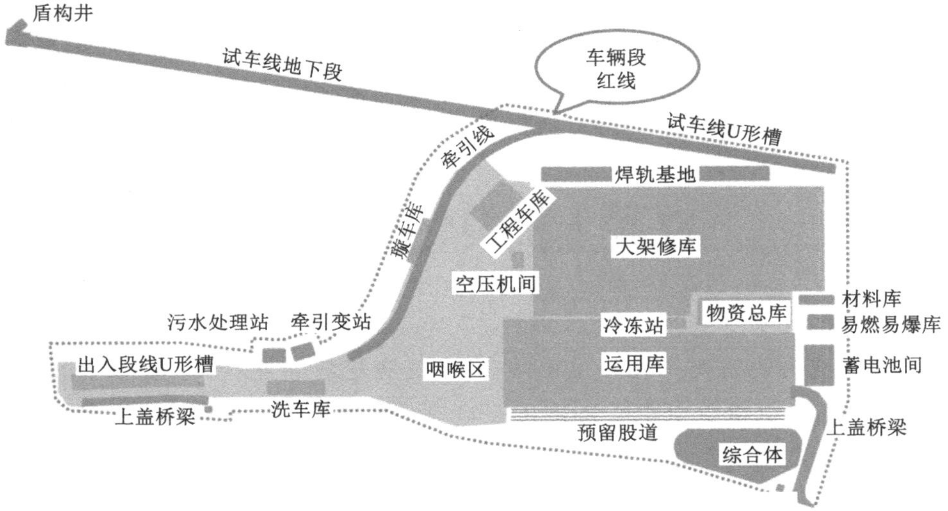

图2-1 昂鹅车辆段平面示意图

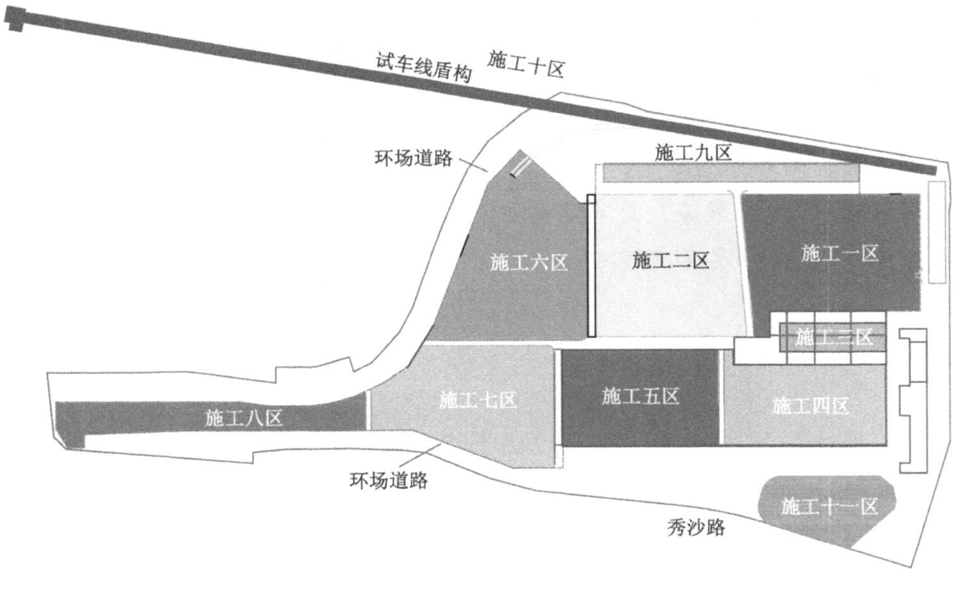

图2-2 昂鹅车辆段施工分区

分块后的 11 个板块仍属于大平台分块，远超过规范建议的最大变形缝间距 30 m 的要求。

在施工七区，采用添加钢纤维的混凝土作为试验区，平台的变形缝间距远超过规范建议的最大间距 30 m。与此相比，施工一区采用未添加钢纤维的普通商品混凝土，混凝土等级为 C35，抗渗等级为 P6。两个板块面积相近，约 2 500 m^2，板厚均为 200 mm。四周预留后浇带以有效释放混凝土收缩成型变形能，后浇带宽度为 800 mm，间距为 30～50 m，以保持混凝土早期约束条件的相似性。

2.2 试验设计及试件制备

试验采用单因素对照试验方法，分析钢纤维掺量对混凝土抗裂性能的影响。钢纤维的掺量设定为试验的关键变量，钢纤维的掺量分别为 0%（未添加，作为对照组）、0.5%、1.0%、1.5%及 2.0%（表 2-1）。

表 2-1　力学性能及抗裂性能试验试件编号

钢纤维掺量 /%	立体抗压强度测试	劈裂抗拉强度测试	抗折强度测试	静力受压弹性模量测试	静态巴西圆盘劈裂试验	混凝土泌水率测试
0	GF-1	GP-1	GZ-1	GY-1	GN-1	GS-1
0.5	GF-2	GP-2	GZ-2	GY-2	GN-2	GS-2
1.0	GF-3	GP-3	GZ-3	GY-3	GN-3	GS-3
1.5	GF-4	GP-4	GZ-4	GY-4	GN-4	GS-4
2.0	GF-5	GP-5	GZ-5	GY-5	GN-5	GS-5

每组试验分别按照混凝土的龄期（1 d、3 d、7 d、14 d、28 d）制作 3 个试件，这样更加便于观察混凝土从初始凝结到成熟硬化过程中性能的变化，并且能保证试验结果的准确性和重复性。记录每个试件在不同龄期点的性能测试数据。使用统计方法对数据进行分析，评估钢纤维掺量和混凝土龄期对其性能的综合影响。这不仅有利于追踪混凝土性能的演变过程，而且能为数据分析提供充分的样本量，从而确保结论的稳定性和可信度。

2.2.1 试验材料

试验所用试件的各项原材料指标如下。

① 水泥：本试验所用水泥为英德海螺 P.O 42.5，按《通用硅酸盐水泥》(GB 175—2023)及《水泥强度快速检验方法》(JC/T 738—2004)的要求进行检验，该水泥的主要成分及性能和主要技术指标见表 2-2、表 2-3。

表 2-2 水泥的主要成分及性能

烧失量/%	碱含量/%	C_3S/%	C_3A/%	SO_3/%	CaO/%	Cl^-/%
3.00	1.00	20.45	5.42	2.50	1.35	0.015

表 2-3 水泥的主要技术指标

型号	抗压强度/MPa		弯拉强度/MPa		初凝终凝时间/min	
	3 d	28 d	3 d	28 d	初凝	终凝
P.O 42.5	31.4	57.0	6.1	9.0	156	210
GB 175—2023	≥17.0	≥42.5	≥3.5	≥6.5	≥45	≤600

② 粉煤灰：粉煤灰是 F 类Ⅱ级，产地是河源发电厂。其理化性能见表 2-4。

表 2-4 粉煤灰的理化性能

含水量/%	细度/%	烧失量/%	三氯化硫含量/%
0.1	22.0	2.39	0.76

③ 细集料：本工程使用的细集料均是河砂，细集料产地为惠州。细集料的主要技术指标见表 2-5。

表 2-5 细集料主要技术指标

细度模数	表观密度/(g/cm^3)	堆积密度/(g/cm^3)	紧密密度/(g/cm^3)	含泥量/%	泥块含量/%	氯离子含量/%	云母含量/%	轻物质含量/%
2.7	2 630	1 520	1 620	0.4	0.2	0.001	0.7	0.5

④ 粗集料：粗集料为产自惠州的深成火成岩碎石，连续粒级 5～25

mm。粗集料的主要技术指标见表 2-6。

表 2-6　粗集料主要技术指标

表观密度/(g/cm^3)	堆积密度/(g/cm^3)	空隙密度/(g/cm^3)	含泥量/%	泥块含量/%	压碎指标/%	针片状颗粒含量/%
2 630	1 450	45	0.7	0.2	8.7	5

⑤ 外加剂：外加剂使用的是深圳市五山新材料股份有限公司生产的 WS-PC 型聚羧酸系高性能缓凝型减水剂。

⑥ 钢纤维：本试验所采用的钢纤维为端钩型钢纤维，如图 2-3 所示。纤维长度 35 mm，直径 0.55 mm，长径比 65。钢纤维的基本性能指标见表 2-7。

图 2-3　端钩型钢纤维

表 2-7　钢纤维的基本性能指标

长度/mm	直径/mm	长径比	抗拉强度/MPa	弹性模量/GPa
20～60	0.3～0.9	30～80	2 500	200

2.2.2 材料配合比

在昂鹅车辆段工程上盖平台施工过程中，要确保混凝土具有良好的工作性，以适应施工需求，提高混凝土的抗裂性能，特别是通过控制水化热、泌水率、收缩率等技术参数来减少裂缝的产生和扩展。

经过现场的配合比优化，得到了最佳的混凝土配合比，因此本书在昂鹅车辆段工程的混凝土配合比基础上，进行了钢纤维掺量的试验研究。具体的材料配合比参数见表 2-8。

表 2-8 材料配合比参数

原材料名称	原材料用量/参数
水泥	295 kg/m^3
砂	783 kg/m^3
碎石	1 040 kg/m^3
粉煤灰	88 kg/m^3
外加剂	7.66 kg/m^3
水	147 kg/m^3
钢纤维	0%、12%、23%、35%、48%
砂率	43%
水胶比	0.4

2.2.3 试件制备

试件的准备是确保混凝土性能测试准确性的关键步骤。本章试验所需的具体试件的尺寸见表 2-9。

表 2-9 试验所需试件尺寸

试验名称	试件尺寸
立方体抗压强度测试	150 mm×150 mm×150 mm
劈裂抗拉强度测试	150 mm×150 mm×150 mm
抗折强度测试	100 mm×100 mm×400 mm
静力受压弹性模量测试	150 mm×150 mm×150 mm

表2-9(续)

试验名称	试件尺寸
静态巴西圆盘劈裂试验	ϕ100 mm×100 mm
钢纤维混凝土收缩率测试	100 mm×100 mm×515 mm
钢纤维混凝土泌水率测试	ϕ100 mm×200 mm

制备混凝土试件的具体步骤如下。

① 模具的清洁与准备：在制作试件之前，首先需要彻底清洗所有用于成型的模具，确保无尘土、油渍等污染物，并将其晾干，以备使用。

② 混凝土搅拌机的准备：在搅拌混凝土前，必须仔细检查并清理搅拌机内部，移除所有杂质和残留物，避免这些杂质对混凝土的质量造成不良影响。在加入混凝土原材料之前，应先在搅拌机内壁喷洒一层水，以预湿内壁，这有助于减小实际水灰比的误差，确保混凝土配比的准确。

③ 试验材料的准备与搅拌：对粗骨料进行预湿，这一步骤可以防止粗骨料吸收混凝土中的水分，影响水灰比。按照设计的配比精确称量所有试验材料，包括水、水泥、细骨料、粗骨料及钢纤维。在搅拌过程中，将预先准备好的钢纤维分批均匀加入搅拌机中，每次添加后都需要进行充分搅拌，确保钢纤维在混凝土中均匀分散。

④ 填充模具与养护：完成搅拌后，将混凝土倾倒出来，并使用适当工具(如抹子)彻底清理搅拌机内壁和搅拌叶片，减少材料浪费。在模具内壁涂抹一层薄薄的脱模剂，并在模具底部的脱模孔处贴上密封纸或塑料膜，防止混凝土浆液渗漏。

⑤ 振捣与平整：将填有混凝土的模具置于振动台上，进行振捣 30～60 s，目的是排除混凝土中的气泡，当表面出现水泥浆时停止振捣。使用铁铲或抹刀平整试件表面，并将试件移至养护区进行密封养护 24 h，同时进行编号标记。

⑥ 后续处理与标准养护：24 h 后，使用脱模设备拆除模具，将试件继续放置于养护室中，按照标准条件养护 28 d，以便进行后续的力学性能测试。

混凝土设计强度等级为 C35，试验所需的模具、试件成型及养护如图 2-4 所示。

（a）150 mm×150 mm×150 mm模具

（b）拌合物坍落度测试

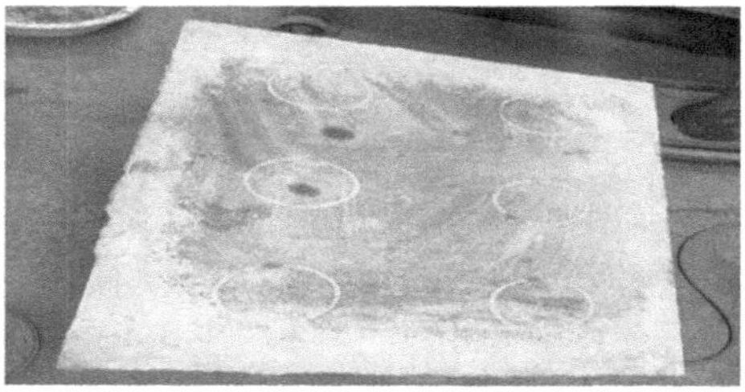

（c）振捣成型

（d）成型的混凝土试件

（e）试件养护

图 2-4　试件所需的模具、试件成型及养护

2.3　钢纤维混凝土力学性能分析

2.3.1　立方体抗压强度测试及结果分析

混凝土立方体抗压强度测试需要在恒定的湿度和温度条件下对试件进行一段时间的养护，确保混凝土获得适当的强度和韧性。将试样放置在万

能试验机的加载平台上，并确保加载是均匀的。开始加载，持续增加压力直到试样破裂。待试样破坏后记录破坏时的最大压力值。早龄期的混凝土立方体抗压强度使用万能试验机进行测试。万能试验机能够施加持续增加的压力并测量混凝土的应力-应变关系。首先使用垫铁将试件的底部平整，将试件放置在加载台上，对试件进行抗压强度测试，将加载速率控制在 0.5 MPa/s，当试件被破坏时，记录下试件所承受的最大荷载。万能试验机如图 2-5 所示。

图 2-5　万能试验机

试件受压的横截面积为 A，则混凝土立方体抗压强度 f_{cu} 按式(2-1)计算：

$$f_{cu}=\frac{F}{A} \tag{2-1}$$

式中　A——试件受压的横截面积，mm^2；

F——试验机施加的最大压力，N。

由图 2-6 可知，随龄期增加，所有掺量组别的抗压强度都逐渐增加。这是由于混凝土随着养护时间的延长而继续水化，其强度逐渐增强。随着钢纤维掺量的增加，抗压强度在每个龄期也相应提高。无钢纤维掺量的混凝土表现出最低的抗压强度，这是因为钢纤维提供了更好的裂缝阻止机制和负载传递能力，从而增强了混凝土的整体抗压性能。在早龄期，钢纤维混凝土的强度增长较为缓慢。从第 3 d 开始，增长率加快，素混凝土试件的立方体抗压强度有33%左右的提升，其中2%掺量的钢纤维混凝土抗压强度提升最为明显，有38%的增长率。这表明水化作用在初期逐渐增加。从第7 d到28 d，抗压强度的增长趋势继续保持。但强度增长的速率在第14 d到28 d有所减缓，这表明混凝土进入了后期硬化阶段，水化速率逐渐减缓。随着钢纤维掺量的增加，立方体抗压强度在不同龄期下普遍有所提高，这表明钢纤维的添加可以有效地提高混凝土的抗压性能。在龄期较短的情况下，钢纤维的添加对抗压强度的影响相对较小，但随着时间的推移，其效果逐渐显现，尤其在28 d龄期下。随着龄期的增加，不仅抗压强度增加，而且不同钢纤维掺量的混凝土之间的差距也变得更加明显。这说明混凝土在龄期较长时，更能充分发挥钢纤维的强化作用。

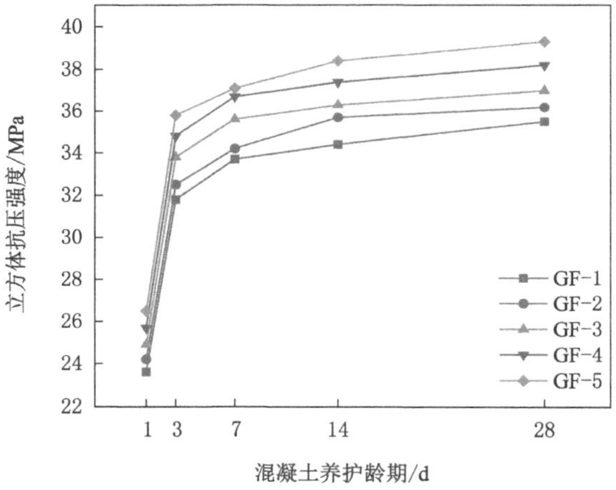

图2-6　不同钢纤维掺量下的立方体抗压强度测试结果

2.3.2　劈裂抗拉强度测试及结果分析

劈裂抗拉强度试验所用的试件尺寸与立方体抗压强度所用的试件尺寸均为150 mm×150 mm×150 mm，试件个数、加载龄期以及所使用的加载仪器均与立方体抗压强度试验相同。根据试验标准，在样品上放置一个劈裂试验用的拉伸棒，这是为了在试验过程中引导混凝土的劈裂裂缝方向。安装试样到试验机上，确保试样受力方向与试验机的加载方向一致。以0.6 N/mm^2加载速率通过试验机对混凝土样品施加拉伸载荷，观察试样上是否出现劈裂裂缝，并记录裂缝的数量、位置和形态。试验设备如图 2-7 所示。

图 2-7　劈裂抗拉强度测试设备

劈裂抗拉强度 f_{sp} 按式(2-2)计算：

$$f_{sp}=\frac{2p}{\pi DL} \tag{2-2}$$

式中　p——导致试件劈裂的最大载荷，N；

D——试件的直径，mm；

L——试件的长度，mm。

由图 2-8 可知，随着钢纤维掺量的增加，劈裂抗拉强度在所有龄期下均有所提高。这表明钢纤维的加入有助于提高混凝土的抗拉性能，这是因为钢纤维可以有效地抵抗裂缝的扩展，增加混凝土的韧性。随着龄期的增加，即从第 1 d 到 28 d，每个掺量水平的劈裂抗拉强度都有所提高。这是因为随着时间的推移，混凝土逐渐硬化并发展其强度。尤其在早龄期(第 1 d 至 7 d)，强度的增加较为显著。在 0% 掺量情况下，劈裂抗拉强度从第 1 d 的 2.59 MPa 逐渐增长到第 28 d 的 3.58 MPa。在最高掺量 2% 的情况下，劈裂抗拉强度从第 1 d 的 4.83 MPa 增长到第 28 d 的 5.56 MPa。在 2% 的掺量下，即使在第 1 d，劈裂抗拉强度也显著高于不掺钢纤维的混凝土，且这种趋势在第 28 d 时仍然保持。钢纤维混凝土的抗裂和抗拉性能随着钢纤维掺量的增加而增强，并且随着硬化时间的延长而进一步提高。由此可见，在混凝土结构中使用钢纤维可以提高其耐久性和韧性。

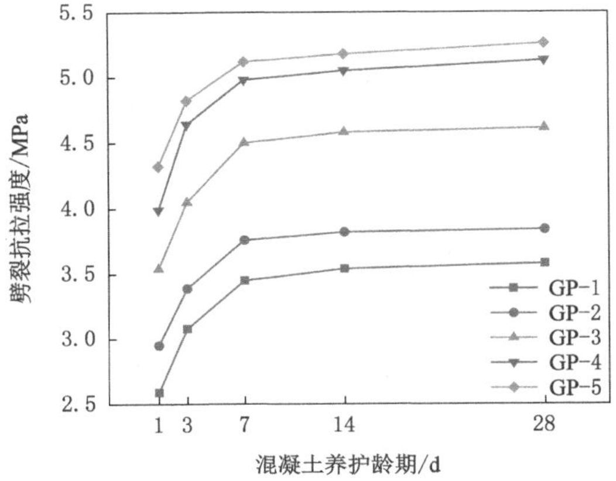

图 2-8　不同钢纤维掺量下的劈裂抗拉强度测试结果

2.3.3　抗折强度测试及结果分析

抗折强度测试是为了评估钢纤维混凝土材料在受弯荷载下的性能，抗折强度测试的钢纤维混凝土试件的尺寸为 100 mm×100 mm×400 mm，采用三点加载方式进行抗折测试，加载点距为支点距的三分之一。在加载过程中，记录加载力和梁中点的挠度，直到试件破裂。测试过程中，梁试件被置于抗折试验机上，以 0.05 MPa/s 的速率施加荷载，直至发生断裂。重复进行三次试验以确保结果的准确性和可重复性。其中抗折强度 f_r 按式(2-3)计算：

$$f_r = \frac{pL}{bd^2} \tag{2-3}$$

式中　p——导致试件断裂的最大载荷，N；

L——支点之间的距离，mm；

b——试件的宽度，mm；

d——试件的高度，mm。

由图 2-9 可知，钢纤维混凝土的抗折强度随着钢纤维掺量的增加而提高。未添加钢纤维的对照组混凝土抗折强度最低，在钢纤维掺量为 2.0% 时，抗折强度达到最大值，相比于无纤维混凝土提高了约 30%。这一现象说明，适量的钢纤维加入可以显著增强混凝土的抗折能力，这主要得益于钢纤维在混凝土中的桥接作用及对裂缝扩展的有效抑制。随着养护时间的增加，混凝土的抗折强度普遍上升。从第 1 d 到 28 d，不同掺量的钢纤维混凝土都表现出了强度的增长，显示了养护期对混凝土强度提升的重要性。在 0% 到 2% 的掺量范围内，钢纤维的抗折强度随掺量增加而提高。第 1 d 至 28 d 龄期内，钢纤维掺量为 2% 的混凝土抗折强度增加最为显著，从 3.8 MPa 增加到 6.31 MPa。在龄期较短时，钢纤维的增强效果就已经相当明显。随着养护时间的延长，即使是低掺量的钢纤维，也能显著提高混凝土的抗折强度。各掺量下抗折强度随龄期增长的趋势大致相似，但钢纤维掺量越高，该趋势越显著。特别是在后期养护阶段，高掺量的钢纤维混凝土强度增长速率稍缓，说明在一定掺量后，继续增加钢纤维掺量对提高抗折强度的贡献作用递减。

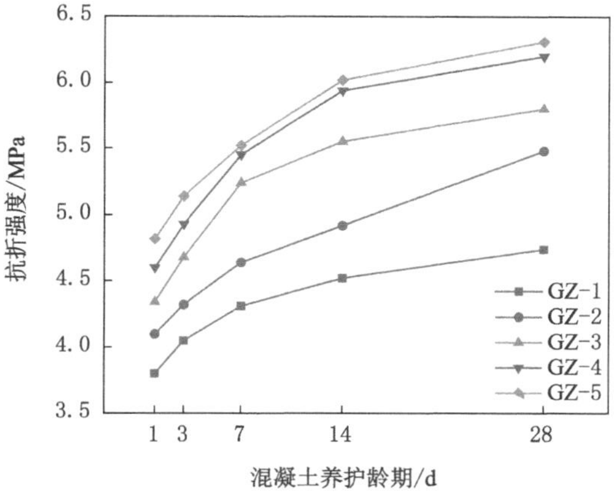

图 2-9　不同钢纤维掺量下的抗折强度测试结果

2.3.4　静力受压弹性模量测试及结果分析

静力受压弹性模量是材料在弹性变形阶段的刚度指标，是判断材料弹性特性的重要参数。在混凝土结构设计中，弹性模量对于预测结构的变形和内力分布具有重要意义。静力受压的试件尺寸为 150 mm×150 mm×150 mm，每组制作 3 个试件。利用压力测试机，以 0.5 MPa/s 的荷载速率对试件施加轴向压力，记录应力-应变曲线。

静力受压弹性模量测试结果如图 2-10 所示。结果表明，钢纤维混凝土的弹性模量随着钢纤维掺量的增加而增加，随着养护时间的增长(从第 1 d 到 28 d)，混凝土的静力受压弹性模量也随之增加，混凝土结构变得越来越硬，其刚性增强。在同一个龄期内，弹性模量随着钢纤维的掺量增加而提高。这意味着钢纤维的加入改善了混凝土的弹性特性，使得混凝土在受压时表现出更好的弹性响应。钢纤维掺量从 0%到 2%时，所有龄期的混凝土弹性模量都有显著的增加。特别是在 2%的掺量下，28 d 龄期时弹性模量的提升最为明显，从无纤维的 30.3 GPa 提升到 34.5 GPa。随着钢纤维掺量的增加，混凝土弹性模量的增长率逐渐上升。在早龄期(第 1 d 至 7 d)，掺量对弹性模量的提升效果相对较小，但随着养护时间的增加，这种差异变得显著。其中，钢纤维掺量为 2.0%时，弹性模量达到最大值，比无纤维混凝土提高了约 20%。这一现象表明钢纤维的加入不仅增强了混凝土的抗裂能力，还提高了其变形前的刚度，使其在承受压力时更加稳定。

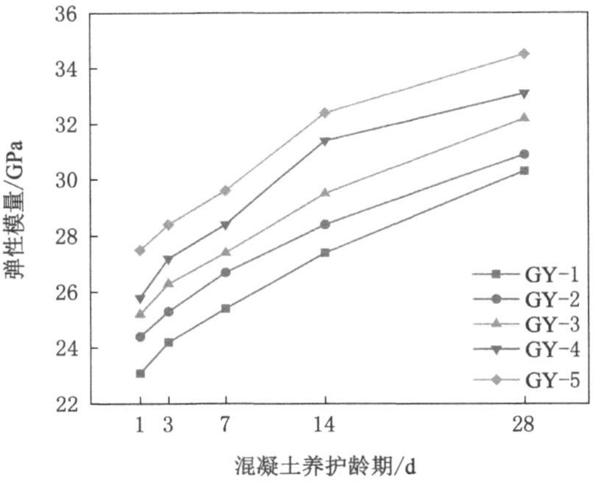

图 2-10　静力受压弹性模量测试结果

静力受压弹性模量的提高意味着结构在受力时能够保持更好的稳定性和承载能力，对于超大结构来说，这一特性尤为重要。结构的刚度直接影响到其在使用过程中的变形量，钢纤维的加入通过提高混凝土的弹性模量，有效控制了结构变形，增强了其使用性能。钢纤维在提高混凝土弹性模量方面的作用机制主要包括两方面：一是钢纤维自身的高模量为混凝土复合材料提供了更高的刚度支撑；二是钢纤维的均匀分布和良好的锚固作用在微观层面上改善了混凝土的应力传递和分布，抑制了微裂缝的发展，从而提高了宏观的弹性模量。对钢纤维混凝土的弹性模量的测试和分析，为超大结构混凝土的设计提供了重要的参数支持。在结构设计中，通过合理选择钢纤维掺量，可以有效提高结构的刚度和承载能力，为设计师在满足使用功能的同时优化结构设计提供了更多的选择空间。通过对不同钢纤维掺量钢纤维混凝土的静力受压弹性模量进行系统测试和分析，证实了钢纤维的加入能显著提高混凝土的弹性模量，增强结构的刚度和稳定性。

2.4　钢纤维混凝土抗裂性能分析

2.4.1　静态巴西圆盘劈裂试验及破坏形态分析

通过静态巴西圆盘劈裂试验可以了解钢纤维混凝土受到径向张拉应力时的行为，由此模拟了混凝土结构在实际工况下可能遇到的张拉破坏情形。静态巴西圆盘劈裂试验采用岩石三轴试验机（图 2-11），试验采用直径和高度均为 100 mm 的圆柱形试件（图 2-12）。试验过程中保证试件表面平整，以减少加载过程中的应力集中，在加载装置中通过直径线施加压力。沿试件直径方向均匀加载，直至产生劈裂破坏，以模拟混凝土在实际应用中遇到的裂缝扩展。通过应力传感器和位移计，精确记录载荷和位移数据，记录破坏时的最大载荷和对应的位移，以计算劈裂抗拉强度。

静态巴西圆盘劈裂测试结果如图 2-13 所示。结果表明，随着钢纤维掺量的增加，钢纤维混凝土的劈裂抗拉强度显著提高。其中，2.0%的钢纤维掺量试件表现出了最高的劈裂抗拉强度，其值比无钢纤维混凝土提高了约 40%。此外，破坏形态分析揭示了钢纤维混凝土破坏前的微裂纹发展和扩展过程。无钢纤维混凝土样品呈现出较为脆弱的破坏模式，破坏过程快速且裂纹直接贯穿样品。而钢纤维混凝土样品在达到峰值载荷后，裂纹扩展速度减慢，且破坏形态表现为多条微裂纹分布，显示出更好的韧性和抗裂性能。钢纤维的加入显著改善了混凝土的抗裂性能。

图 2-11　岩石三轴试验机

图 2-12　静态巴西圆盘劈裂试件

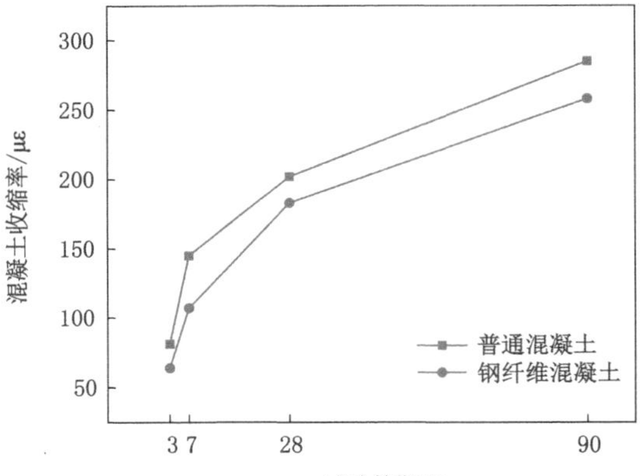

图 2-13　静态巴西圆盘劈裂测试结果

当混凝土内部出现微小裂缝时，会逐渐扩大为大裂缝，最后导致混凝土的承载力、耐久性及防水性能降低，而钢纤维可以在混凝土内部形成有效的桥接作用，即当裂纹尝试扩展时，钢纤维提供了额外的抗拉阻力，阻止或延缓了裂纹的发展。此外，钢纤维的均匀分布使得裂纹扩展受到多点阻碍，促使破坏模式由单一裂纹转变为多裂纹分布，从而提高了材料的整体韧性[74-75]。

2.4.2 钢纤维混凝土收缩率测试及结果分析

混凝土的自收缩和干燥收缩是导致裂缝的两个主要原因。自收缩主要与水泥的水化反应相关，而干燥收缩则与水分蒸发有关。本试验参照《混凝土长期性能和耐久性能试验方法标准》(GB/T 50082—2024)，采用接触法测量收缩率。试件尺寸为 100 mm×100 mm×515 mm，在拆模后立即布置测点，记录初始长度，按照预定的时间间隔(1 d、3 d、7 d、28 d、90 d)进行长度测量。

收缩率表征的是混凝土水分散失和化学反应过程中体积缩小的特性，常表现为长度的变化，其中收缩率 ζ 按式(2-4)计算：

$$\zeta=\frac{L_t-L_0}{L_0} \tag{2-4}$$

式中　L_0——初始长度；

L_t——各时间点的测量长度。

普通混凝土与钢纤维混凝土在不同龄期下的收缩率对比如图 2-14 所示。从中可以看出，钢纤维混凝土在所有给定龄期的收缩率都低于普通混凝土。这说明钢纤维的加入对于减少混凝土的收缩变形是有效的。3 d 龄期：普通混凝土的收缩率是 81 $\mu\varepsilon$，而钢纤维混凝土的收缩率是 64 $\mu\varepsilon$。钢纤维混凝土相对于普通混凝土减少了约 20.99%的收缩率。7 d 龄期：普通混凝土的收缩率增加到 145 $\mu\varepsilon$，钢纤维混凝土的收缩率增加到 107 $\mu\varepsilon$。此时，钢纤维混凝土相较于普通混凝土减少了约 26.21%的收缩率。28 d 龄期：普通混凝土的收缩率进一步增加到 202 $\mu\varepsilon$，钢纤维混凝土的收缩率也增加到 183 $\mu\varepsilon$。在这个龄期，钢纤维混凝土相较于普通混凝土减少了约 9.41%的收缩率。90 d 龄期：普通混凝土的收缩率为 285 $\mu\varepsilon$，钢纤维混凝土的收缩率为

258 με，钢纤维混凝土的收缩率减少了约9.47%。

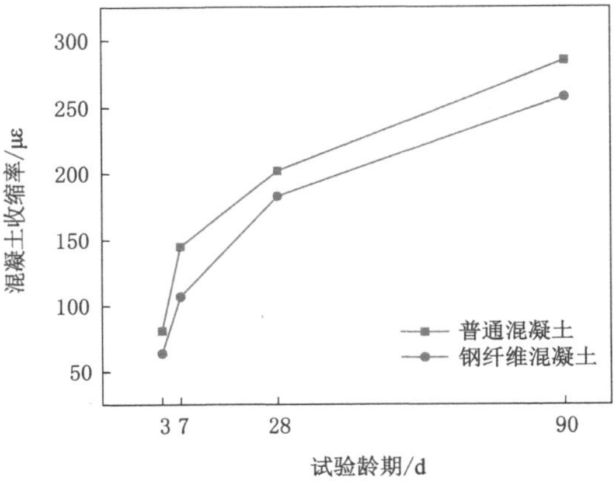

图 2-14 不同龄期下的收缩率对比结果

钢纤维的加入明显减少了混凝土的早期收缩。在混凝土的固化阶段，钢纤维提供了额外的内部支撑，帮助控制了由于水化反应导致的体积变化。随着时间的推移，虽然两种类型的混凝土收缩率都在增加，但普通混凝土的收缩速度比钢纤维混凝土快。这可能是因为钢纤维能够在混凝土内部形成一个多维度的网络结构，有效地限制了混凝土的微观裂缝发展和进一步收缩。在90 d时，两种材料的收缩率增长趋势趋于平缓，差异开始稳定，这表明钢纤维混凝土在早期对收缩的控制更为显著。

2.4.3 钢纤维混凝土泌水率测试及结果分析

泌水现象是混凝土在初凝阶段水分向表面迁移并积聚的过程，它不仅影响混凝土的表面质量，还可能影响其整体力学性能和耐久性。针对昂鹅车辆段大平台超大结构混凝土工程，通过泌水率测试，探究不同钢纤维掺量对混凝土泌水行为的影响，并分析其对混凝土性能的潜在影响。制备了不同钢纤维掺量(0%、0.5%、1.0%、1.5%、2.0%)的钢纤维混凝土样品，每种配比均制备三个试件以保证试验结果的可靠性。试件尺寸为直径100 mm、高度200 mm的圆柱形，根据《普通混凝土拌合物性能试验方法标准》(GB/T 50080—2016)进行泌水率测试。测试过程中，记录自浇筑至初凝时间内的泌水量，并计算泌水率。混凝土泌水率 B_a 按式(2-5)计算：

$$B_a = \frac{V}{A} \tag{2-5}$$

式中　V——累积的泌水量，mL；

A——混凝土拌合物试样外露的表面面积，mm^2。

普通混凝土与钢纤维混凝土在不同龄期下泌水率对比如图 2-15 及图 2-16 所示。从中可以看出，随着钢纤维掺量的增加，钢纤维混凝土的泌水率和泌水量均有显著减少。钢纤维的掺量越高，泌水率越低。这是因为钢纤维可以有效地控制水分在混凝土中的运移。当钢纤维的掺量增加时，其在混凝土中形成的网络结构会更加密集，这样可以减少水分通过混凝土内部空隙的渗透。泌水率的降低对于提高混凝土的质量和性能具有重要意义。首先，减少泌水可以减少混凝土表面的水泥浆层分离，从而改善表面质量和增强耐磨性。其次，减少泌水有助于提高混凝土内部的均匀性，降低孔隙率，从而提高混凝土的力学性能和耐久性。此外，泌水率的降低还意味着更少的水分会从混凝土内部迁移至表面，有利于减少由于干缩导致的开裂风险。通过泌水率测试，明确了钢纤维的加入能有效降低钢纤维混凝土的泌水率，对改善混凝土的表面质量、内部结构均匀性及整体性能具有积极作用。

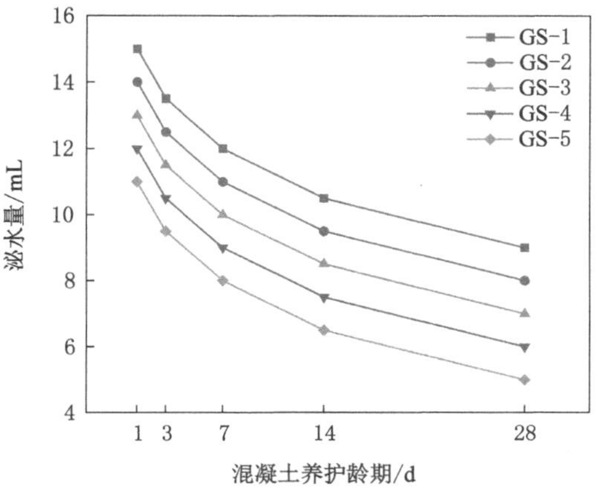

图 2-15　钢纤维混凝土泌水量测试结果

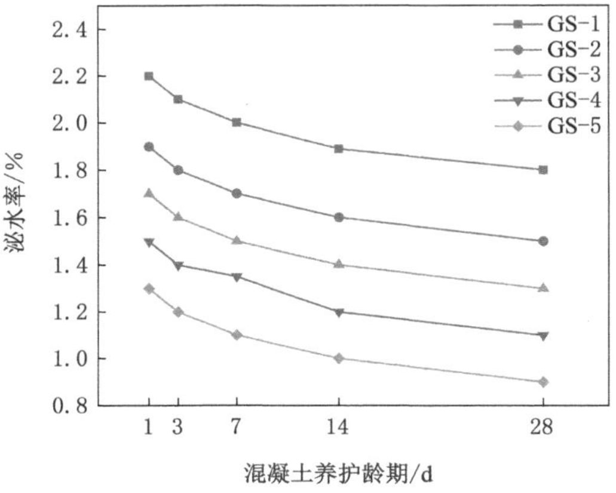

图 2-16　钢纤维混凝土泌水率测试结果

2.5　钢纤维混凝土早期抗裂性能应用研究

为了研究钢纤维对混凝土早期抗裂性能的影响，对昂鹅车辆段大平台顶板中的第七板块（试验板块）和第一板块（对照板块）进行了现场试验和抽样试验。两个板块的边界约束条件、尺寸大小、混凝土强度及和易性指标相似。现场试验通过确定混凝土早期应变量的实际应变零点位置，共进行了 12 个测试点的测量。抽样试验包括平板早期抗裂试验和收缩率试验。

2.5.1　混凝土应变监测与分析

混凝土收缩和温度变化均会引起结构板在平面内的变形，大平台结构顶板厚度 200 mm，混凝土本身已具备较好的散热条件，与外环境温差小，降温速率适中。因此，忽略温度应力引起结构开裂，主要考虑大尺寸结构收缩应力的影响。监测点编号如图 2-17 所示。

为了验证钢纤维混凝土和普通混凝土对收缩应力的影响，在试验区和对比区各预埋了 12 个传感器。这些传感器位置包括：顶板上部钢筋处 4 个点位，每个点位沿着平行于长边和垂直于长边的方向各设置 1 个传感器，共 8 个传感器；底部钢筋处 2 个点位，每个点位沿着平行于长边和垂直于长边

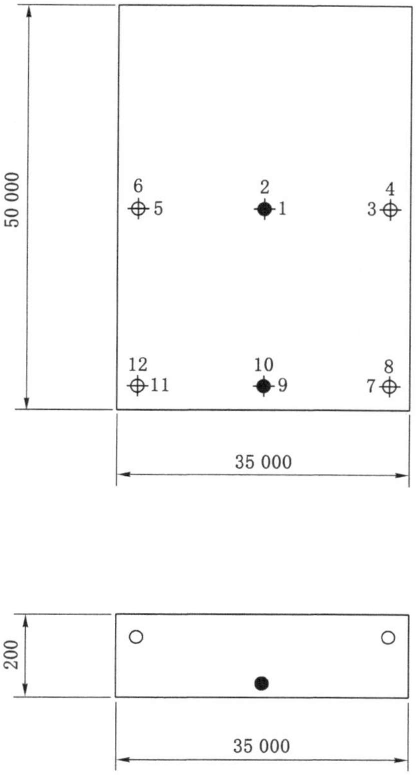

图 2-17　监测点编号

的方向各设置 1 个传感器，共 4 个传感器。如图 2-17 所示，奇数编号表示水平方向的应变片，偶数编号表示竖直方向的应变片，实心点表示应变片放置于板底，空心点表示应变片放置于板顶。采用的测试点编号为 YL2-应变片编号。普通混凝土监测时间为 9 d，而钢纤维混凝土监测时间为 17 d，为保证时间统一，均采用前 9 d 的监测数据进行分析。采集仪器每隔 30 min 自动收集数据，并将数据上传至安全监测云信息平台。

2.5.2　确定应变零点及有效数据

为了确保测量数据的准确性，实际应变零点的确定至关重要。该项目在同一板块上保证了同一天完成浇筑，然而混凝土不可能在同一时间统一浇筑完成，浇筑过程中存在时间差，会导致测量数据具有滞后性。同时，浇捣过程中也存在对测试点位置的扰动，因此采用了温度数据和相对应变数据的突变相结合的方式来确定实际应变零点。

普通混凝土在大气温度为 26.57 ℃时开始进行浇筑，传感器开始测量数据，并将其记录为应变零点。

由图 2-18 及图 2-19 可知，普通混凝土的大气温度略高，范围在 26.57～28.29 ℃之间，入模温度则显著高于大气温度，特别是在监测点 11 和 12，入模温度超过 40 ℃，这可能是由于在混凝土养护过程中导致热应力增加，从而增加导致裂缝的风险。钢纤维混凝土的入模温度与大气温度的平均差值较小，表明钢纤维混凝土更能保持温度的稳定，这有助于减少由温差引起的应力，进而减少裂缝的产生。相比之下，普通混凝土的入模温度比大气温度高出较多，这可能导致更大的温差，增加了由于温度变化引起的收缩和应力，从而增加导致裂缝的风险。特别是在大型结构中，维持低的温差对控制裂缝的形成尤为关键。通过对比两种混凝土的温度差异知，钢纤维混凝土表现出更小的温度变化，这有助于减少由温度引起的内部应力，降低裂缝形成的可能性。钢纤维混凝土展现的较低温差有助于稳定其在现场施工过程中的性能，尤其在减少因温度变化导致的早期裂缝方面。在相同的约束条件下，钢纤维混凝土的累积应变显著低于普通混凝土，证明了其在实际应用中的抗裂性优势。

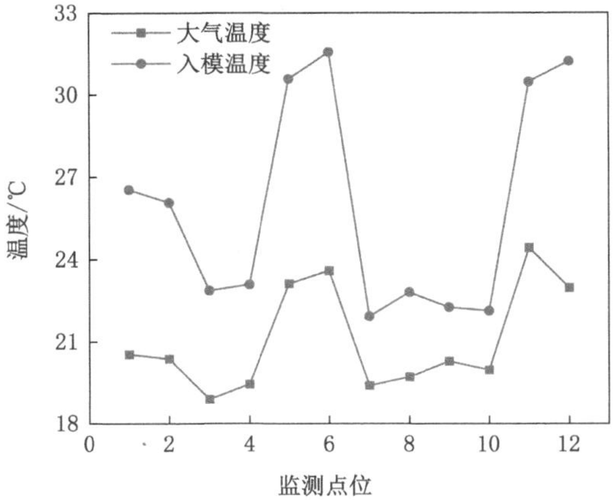

图 2-18　钢纤维混凝土监测点大气温度及入模温度

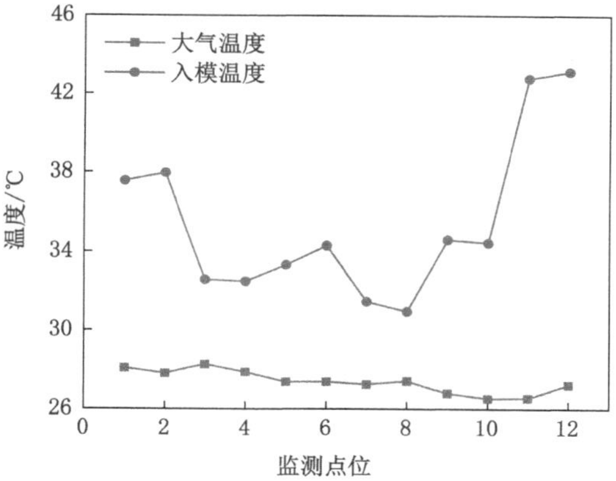

图 2-19　普通混凝土监测点大气温度及入模温度

钢纤维混凝土对应的大气温度在 19～25 ℃之间，入模温度在 25～32 ℃之间；普通混凝土对应的大气温度在 26～29 ℃之间，入模温度在 30～45 ℃之间，根据混凝土入模温度不宜超过 35 ℃的要求，选择 YL2-3～YL2-10 作为比对的有效数据进行分析，并以入模温度确定实际应变零点进行数据分析。

2.5.3　现场监测应变数据分析

如图 2-20 所示，对比 YL2-3～YL2-10 监测点的入模温度和大气温度的温度差后发现，钢纤维混凝土和普通混凝土的温度差集中在 2～8 ℃之间，钢纤维混凝土温度差的平均值为 4 ℃，普通混凝土的温度差平均值为 5.6 ℃。钢纤维混凝土相比于普通混凝土，可以适当降低入模温度，但不存在明显优势。

结构的抗裂性能与混凝土的累积应变关系密切，在约束条件下大尺寸混凝土产生收缩变形中，支座处的早期开裂相对于其他部位更加明显。因此，主要对支座处的 YL2-3、YL2-4、YL2-7、YL2-8 的时间-累积负应变进行分析，其中普通混凝土监测时间为 9 d，钢纤维混凝土监测时间为 17 d，为保证时间的统一性，均采用前 9 d 的监测结果进行分析。

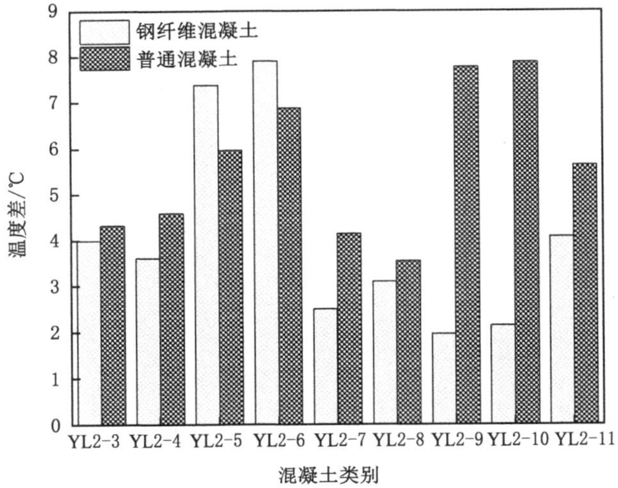

图 2-20　入模温度和大气温度的温度差

如图 2-21 及图 2-22 所示，钢纤维混凝土数据分布较为集中，累积负应变的分布范围集中在－100～100 με 之间，普通混凝土累积应变分布范围集中在 0～－150 με 之间。可以看出，在相同的约束条件和相同的板块尺寸条件下，钢纤维混凝土能有效减少初期应变量，达到较好的抗裂效果。

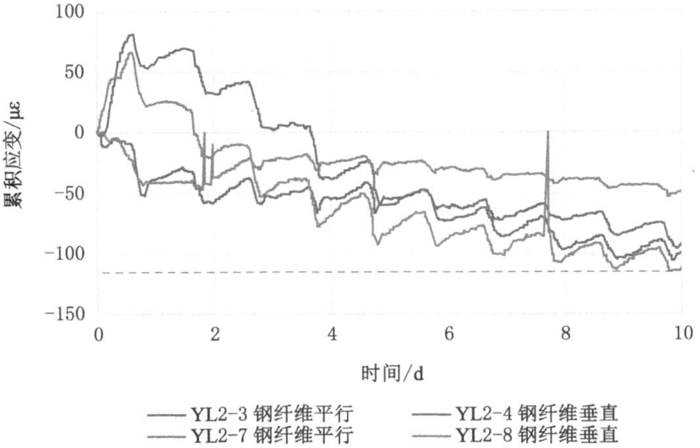

图 2-21　钢纤维混凝土时间-累积应变图

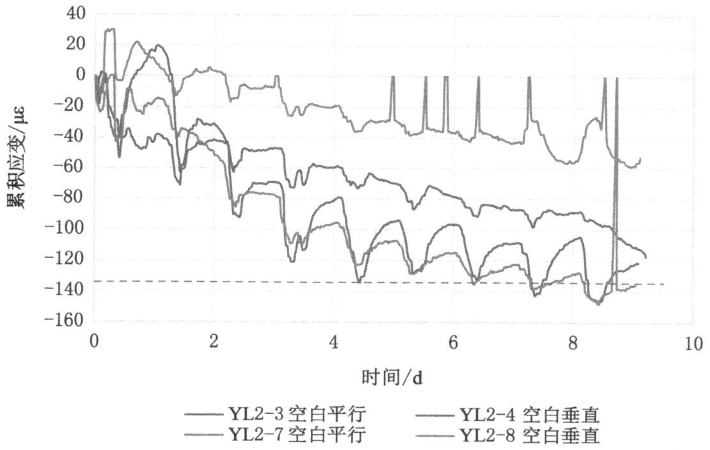

图 2-22　普通混凝土时间-累积应变图

2.6　本章小结

本章探讨了钢纤维混凝土在超大结构中的抗裂性能，评估了钢纤维掺量对混凝土性能的影响。通过对昂鹅车辆段大平台超大结构工程的钢纤维混凝土进行一系列力学性能试验，包括立方体抗压强度、劈裂抗拉强度、抗折强度、静力受压弹性模量测试，以及钢纤维混凝土的收缩率、泌水率和温控性能评估，为超大结构混凝土技术的发展和应用提供了重要的数据支持和技术参考。

① 钢纤维显著提高了混凝土的抗裂性能，钢纤维在混凝土裂缝中的桥接作用是提高抗折强度的关键机制。当混凝土试件受力产生微裂缝时，分布于混凝土中的钢纤维能有效地连接裂缝两侧，通过其良好的抗拉性能抵抗裂缝的进一步扩展，从而提高混凝土的整体抗折性能。通过合理选择钢纤维的掺量，可以有效地优化混凝土的抗裂性能。当钢纤维掺量为 2.0% 时，钢纤维混凝土表现出最优的力学性能和耐久性。在后期养护阶段，高掺量的钢纤维混凝土强度增长速率稍缓，说明在一定掺量后，继续增加钢纤维掺量对提高抗折强度的贡献作用递减。钢纤维的存在增强了混凝土的韧性

和裂缝控制能力，有效提高了混凝土的抗压强度、劈裂抗拉强度和抗折强度。

② 钢纤维也改善了混凝土的收缩率、泌水率等一系列性能，揭示了钢纤维对混凝土多方面性能的积极影响。随着钢纤维掺量的增加，混凝土的收缩率和泌水率显著降低。泌水率的减少可提升混凝土的密实度和均匀性，可提高钢纤维混凝土的耐久性，可减少因微观空洞而导致的结构脆弱性。钢纤维混凝土的低泌水率、低收缩率等因素共同作用，减少了由温差引起的内部应力，降低了裂缝的形成风险。

③ 通过现场试验揭示了钢纤维对混凝土温控性能的影响，通过对比两种混凝土的温度差异知，钢纤维混凝土表现出更小的温度变化，这有助于减少由温度引起的内部应力，降低裂缝形成的可能性。温控性能的改善表明，在温度波动条件下，混凝土能更有效地抵抗由于热胀冷缩引起的内部应力，减少了因温差引起的裂缝和损伤。同时，钢纤维混凝土的优异抗裂性能可有效降低初期应变，延缓裂缝的发展，降低维修成本，提高超大结构的安全性和耐久性，延长结构的使用寿命。

第3章 超大结构钢纤维混凝土变形缝防水性能研究

变形缝的设置在建筑工程中是一个既复杂又至关重要的关键环节。它不仅涉及结构类型、建筑基础等核心要素的综合考量，还需要对材料选择、施工工艺以及质量控制等多个方面进行深入分析。变形缝的主要功能在于吸收和适应结构因收缩变形、温度变化等因素而产生的应力，从而防止结构出现裂缝，确保整体结构的稳定性。然而，正因为变形缝的重要性和其易受多种因素影响的特性，往往也成为工程中出现渗漏问题的“重灾区”。特别是在超长结构的情况下，虽然通过设置密集的变形缝可以有效地解决由不均匀沉降和伸缩等引起的变形问题，但这种做法同时也增加了防水工作的复杂性和难度。据统计数据，在所有的渗漏问题中，约有30%是出现在变形缝的位置，这充分说明了变形缝在防水方面的脆弱性。

变形缝的设置需要考虑结构类型、建筑基础等多方面因素，一般设置在收缩变形或温度影响下易引起应力集中、结构易产生裂缝的部位。对于超长结构而言，密集地设置伸缩缝虽然能够解决不均匀沉降、伸缩等变形问题，但也增加了抗渗漏工作的难度。为了减少变形缝的数量，目前地铁结构采用贴近规范30 m的分段长度。地铁结构对防水要求高，按照规范要求，地铁结构属于地下工程，为一级防水，需要进一步加强防水措施。

3.1 变形缝防水技术设计

3.1.1 防水技术要求和设计体系

① 防水技术要求:为确保结构安全和使用功能,地下结构的防水设计至关重要。防水等级应根据结构的重要性、使用功能和地质条件确定。

② 防水等级标准:一级防水等级要求结构表面无湿渍;二级防水等级则允许结构表面有少量湿渍,但有具体的限制标准。

③ 防水设计体系:第一道防线,结构自防水。用高抗渗混凝土确保结构本身具有防水能力,对于特定区域如电气设备集中的区段还需采用钢纤维混凝土提高早期抗裂能力。第二道防线,柔性防水层。高分子防水涂料的应用可以保证混凝土结构防水层与地铁上盖顶板紧密结合,防止渗水。第三道防线,变形缝采用后埋式止水带。对于变形缝,采用后埋式止水带,以适应结构的变形并提供检修的便利。

3.1.2 整体设计

变形缝作为结构体系中关键的动态部位,其防水设计的核心是协调结构的动态响应与长期的防水需求。在超大尺寸混凝土结构中,变形缝的设计不仅需满足基本的防水和防渗要求,而且更应考虑其在结构全寿命周期内的可靠性、耐久性以及修复的可行性。

(1) 设计原则

① 兼顾灵活性与稳定性:结构的动态变形与静态稳定性的平衡,确保变形缝在结构变形过程中的灵活性与整体的稳定性。

② 多层次防护策略:采用多重防水系统,层层设防,以免因单一防水层失效导致渗漏。

③ 防水材料的寿命周期管理:根据地下水环境、化学侵蚀等条件,选用合适的防水材料,实现与结构同寿命的目标。

(2) 设计内容

① 变形缝止水带的选择:优选具备优异伸缩性能和抗老化能力的后埋

式止水带，以满足结构在多种环境条件下的防水需求。

② 结构与防水材料的配合设计：结构设计时预留足够空间，确保止水带的安装与维护，同时避免结构变形对止水带造成损伤。

③ 考虑变形缝开闭行为：分析结构在不同环境因素影响下的变形特性，对止水带进行动态响应分析，以保障其在实际应用中的防水效果。

3.1.3　变形缝防水构造设计

在超大尺寸混凝土结构中，变形缝的防水构造设计应综合考量结构的动态性能、工程环境条件以及施工可行性，确保整体防水系统的可靠性与有效性。将变形缝防水设计与整体结构设计紧密结合，确保各部分协同工作，形成有效的防水防护。侧重于变形缝在结构中的功能角色，既要满足结构变形的自由度，又要确保防水性能的长效性。变形缝作为结构中的活动部位，其防水设计应围绕以下核心要点展开：

① 变形容许度：考虑结构的实际运用环境和负载特点，确定变形缝的设计变形容许度。

② 防水材料匹配：基于变形容许度，选择与之匹配的高弹性、高耐久性防水材料。

③ 结构一体化设计：确保变形缝的防水构造与主体结构的完整性和连续性。

④ 维修与更换便捷性：设计时考虑后期可能的维修工作，确保防水材料的更换与修复方便快捷。

根据结构分析，合理布置变形缝的位置，减少结构的内部应力和变形，选择适合的止水带类型。本试验选择的止水带类型为后埋式止水带，确保所选材料在预期的变形范围内具有良好的延伸和回弹性能，以及优异的耐老化性；设计合理的连接结构，以确保止水带与混凝土结构间的紧密结合，避免泄漏；确保止水带在接头处的防水性能，采用焊接或其他可靠的接头处理方法。

3.2 变形缝防水设计优化

3.2.1 中埋式橡胶止水带的缺陷分析

目前运用在地铁工程的变形缝防水措施是以水工建筑中常用的钢边中埋式橡胶止水带为主。按规范设计的变形缝明显弱于主体混凝土结构部位，防水实际只有橡胶止水带一道，且可靠度低。工程中变形缝设置距离长，受年度温度影响，变形缝变形会更大。若采用传统的中埋式橡胶止水带防水，在地铁施工完成较短时间内容易出现变形缝渗漏水问题，防水效果差。其主要原因如下：

① 橡胶止水带在应用领域上，更多偏向于铁路隧道和地下通道，并未针对地铁变形缝特点进行研发和生产，其耐久性、适应变形、施工性能不理想。

② 地铁本身的构造特点，如地铁上盖平面尺寸超大，结构混凝土受收缩和温度应力影响，造成止水带拉裂渗漏水，因此橡胶止水带不能完全适应地铁本身构造特征，采用橡胶止水带的变形缝防水措施的耐久性较差。

③ 橡胶止水带本身的材料特征，止水带的橡胶与混凝土的握裹力不够。在收缩和温度应力作用下，容易出现相对滑动面，从而出现渗水通道；止水带进行构造搭接时，对搭接要求较高，在施工时容易出现止水带未完全固定而发生卷曲，进而导致混凝土浇筑不密实；若变形缝结构侧模与止水带的镶贴不密实，则混凝土包裹止水带，将会使得止水带刚度加大、变形能力差、被撕裂或拉裂；橡胶止水带撕裂强度远小于抗拉强度，钢筋混凝土中的粗骨料和钢筋容易导致止水带被撕裂或戳破，同时橡胶在长期使用下会发生老化，易变形，裂缝在低应力水平下就会延展，因此只适用于伸缩缝变形不太高的水工建筑。对于防水要求较高的地铁工程，若出现渗漏，将会带来较大的影响。

以上原因使得大部分的地铁车站采用传统的中埋式橡胶止水带防水的效果较差。在发生渗漏后，常规上的做法是注浆，或在变形缝处设接水槽。普通的注浆一般注入柔性密封材料或者环氧树脂类刚性材料。但采用柔性密封材料时，在没有反压的缝隙里，材料的黏结性、耐久性差；采用刚性材料，变形缝两侧结构由于温度变化产生收缩，也容易拉裂刚性材料，因此两者的耐久性效果均不好。采用接水槽同样会存在着排水和维护等实际问题，若地铁工程地处近海地区，则接水槽中有腐蚀性的地下水会对机电设备和装修造成不良影响，需要加强保修，因此其适应性较低。中埋式橡胶止水带渗漏如图 3-1 所示。

图 3-1　中埋式橡胶止水带渗漏

3.2.2　后埋式止水带设计

变形缝应具有耐久性、可靠性(可检测)、适应变形、可修复等主要性能。针对地铁项目特点，设计增加一道后埋式止水带，在混凝土主体结构完成后安装。

本超大尺寸结构采用的变形缝为地铁 BG-199 型变形缝后埋式止水带。该止水带为第二道防水措施，属于半刚性半柔性结构，既能适应主体结构不均匀沉降和伸缩变形，也具有较好的修复性能和良好的耐久性。该止水带以不锈钢或黄铜和高分子防水膜为主要材料，根据变形缝构造应力应变的特征，充分考虑耐久性和可靠度的要求，针对性地设计其构造。本项目采用无钉无缝的后埋式安装方式，配合专用的 GCYY-201 型锚固剂安装而成。

相比于普通止水带，二道堵漏技术措施为微应力注浆修复裂缝和填塞防水胶堵漏。该措施为弥补普通注浆的不足，在变形缝出现微裂缝的初期阶段采用新型的注浆材料、填塞防水剂和 GCYY-101 型防水胶，材料具有较强的附着黏性力和耐久性。具体的堵漏步骤如下：

① 采用微应力注浆，修复裂缝或填塞渗漏通道，压力约等于该变形缝承受的水压力。为防止扩大已开裂的裂缝，不能采用高压注浆。

② 填充堵漏剂，进一步封闭渗水通道。

③ 填塞 GCYY-101 型防水胶，完成首道柔性材料堵漏。

3.2.3 改进接水槽设计

固定式不锈钢接水槽是设计的排水补救措施，是在防水失效的情况下采取的被动措施。但固定式不锈钢接水槽不能适应变形，当投入使用较长时间后，渗水带入碳酸钙和泥沙堵塞满水槽之后，会从两侧溢出，影响运营，并且在天花、边墙设备管道和装修不能受影响条件下，变形缝修复难度大。

本项目针对传统接水槽的不足，改用可装卸接水槽，如图 3-2 所示。通过基座与混凝土结构固定，做好防水打胶，水槽安装在基座上，既能够起到排水作用，还可以随时拆卸恢复，检查变形缝的渗漏水情况，及时采取措施。

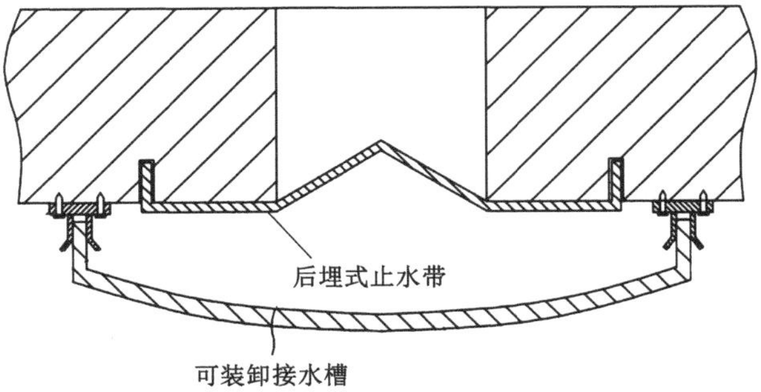

图 3-2　可装卸接水槽安装图

3.2.4 材料设计

① 后埋式止水带。对于后埋式止水带的选择，考虑到地铁工程的特殊环境和需求，需要选用能够适应大范围温度变化、耐腐蚀、耐应力的材料，如

不锈钢防水膜，以满足长期耐用和结构稳定的需求。

② 注浆材料。针对微裂缝和渗漏通道的修复，采用具有高黏结力、快速固化、良好渗透性的新型注浆材料，如聚氨酯，能在微裂缝中有效固化，阻止水流。

③ 止水胶和密封剂。为了补充后埋式止水带的防水功能，选用具有良好弹性和黏附性的 GCYY-101 型防水胶和其他密封剂。这些材料应具备优异的密封性能和耐老化特性，以保证长期的防水效果。

④ 堵漏剂。在变形缝处出现的微裂缝或渗漏点，采用堵漏剂，其应具有高弹性、强密封性且耐水洗刷的特点，能在湿润环境中快速固化，堵塞渗水通道。

⑤ 接水槽材料。考虑到接水槽的易拆卸性和耐腐蚀性，选择不锈钢等耐用材料，配合适当的防水密封胶，确保其在变形缝处的防水效果。

3.2.5　后埋式止水带施工工法

（1）工法特点

经过混凝土结构质量的检查和修缮后，安装后埋式止水带，确保安装牢固、防水性能可靠、适应结构变形；产品耐久性强，采用的主材使用年限跟主体结构相同；安装需要的设备简单，但工艺要求比较高。安装完成后可以通过淋水或蓄水检查安装质量，满足设计水压抗渗要求。在使用阶段，发现有渗漏点时应容易维修，不需要动“大手术”；适用于地面建筑和地下建筑变形缝。

（2）适用范围

此项工法可适用于地铁、铁路、房建、公路和市政等土木工程复杂条件下的变形缝；地下建筑出入口上盖、风亭、高架车站以及大面积平台建筑；建构筑物变形缝以及地下车站与出入口通道、地下车站与区间、区间与联络通道、车站与物业连接通道、高架站与区间等变形缝。

（3）工艺原理

安装在已浇筑的混凝土墙体的变形缝上，通过 GCYY-201 型锚固剂将止水板固定在混凝土墙体上来实现相应的止水作用，具有与混凝土结构同寿命的良好耐久性。止水板同时具备一定的弹性变形能力，使得其能够适应于混凝土墙体不均匀沉降变形，止水板不容易因为沉降拉伸而出现损坏，并且在后续止水板处出现偶发渗漏的情况时可以直接通过焊接进行修复，具备良好的修复性能。

综上所述，本后埋式止水带工法具有以下创新点：

① 材料不同。止水板不是建筑业通常使用的橡胶类柔性防水材料，也不是刚性材料，通过创新技术，实现半刚性半柔性，具有适合弹性变形的特点，因此，防水可靠性更强。

② 耐久性不同。橡胶类的防水材料耐久性都有限，一般结构寿命短得多；而本方案材料根据结构寿命选用不同的金属材料，寿命可以长达 50～100 年。

③ 可修复性。现有变形缝的防水材料撕裂后无法修复，本方案中的薄壁不锈钢板或铜板都可以焊接修复，在表面再涂上聚氨酯涂膜，可以提高防水性能。

④ 安装工艺不一样。本方案采用锚固剂锚固，为无钉锚固技术。在混凝土上切缝，将止水板的翼板塞入缝中，通过锚固剂与混凝土一起锚固，起到相应的防水作用。

⑤ 可检测。金属材料的焊接非常成熟，可以通过外观检查，也可以通过超声波探伤检测，还可以通过蓄水检测。

其示意图与安装图如图 3-3、图 3-4 所示。

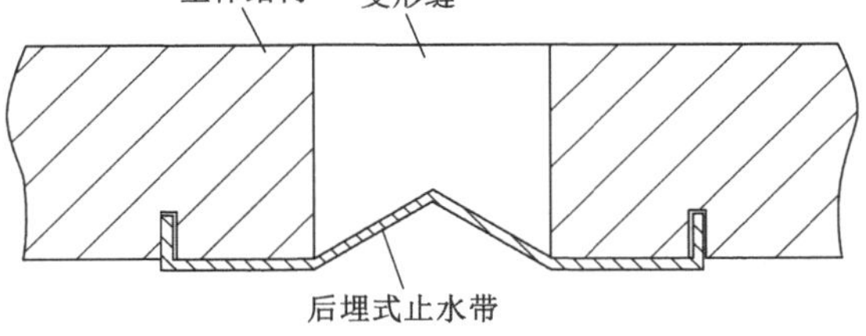

图 3-3　后埋式止水带示意图

(4) 施工工艺

后埋式止水带施工工艺如图 3-5 所示。

① 现场测量。首先进行现场详细测量，确定变形缝的精确位置和尺寸。

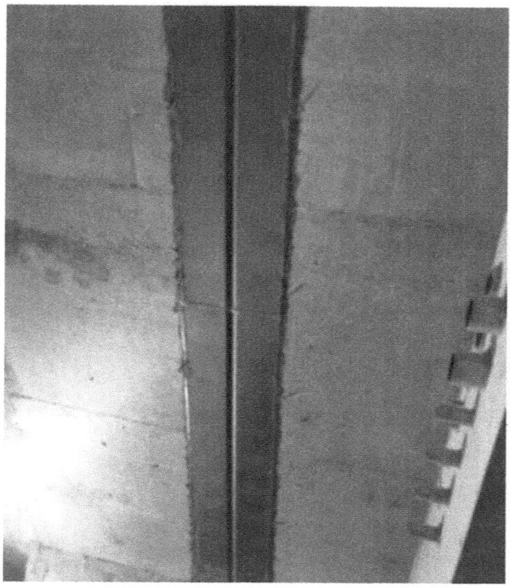

图 3-4　后埋式止水带安装图

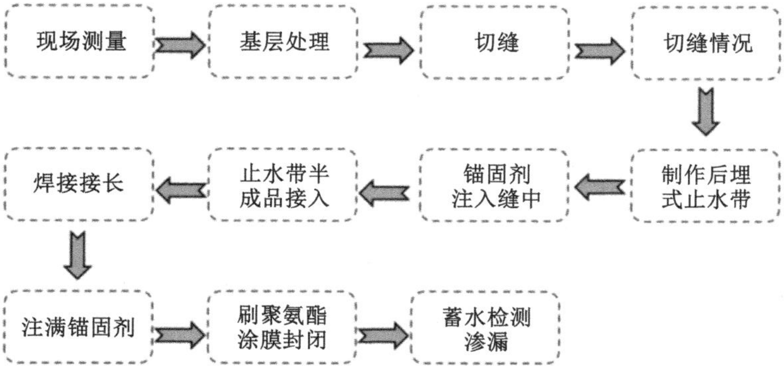

图 3-5　后埋式止水带施工工艺

测量结果将直接影响后续步骤的准确性。

② 基层处理。对变形缝周围的混凝土基层进行彻底清理，包括去除浮尘、油污和其他可能影响黏结效果的杂物，如图 3-6 所示。

③ 切缝。在预定位置进行精确切缝，切缝深度和宽度应符合设计要求，以便止水带的正确放置。

图 3-6　变形缝两侧基层处理

④ 切缝情况。切缝完成后，需要实测切缝的尺寸，确保其符合设计规范和止水带安装要求。

⑤ 制作后埋式止水带。根据实测结果，制作相应尺寸的后埋式止水带。材料选择时应考虑耐久性和防水性能。

⑥ 锚固剂注入缝中。在止水带的翼板塞入缝中前，先注入专用的 GCYY-201 型锚固剂，以确保止水带与混凝土的牢固结合。

⑦ 止水带半成品接入。将止水带半成品按照设计位置准确放置，并确保其与锚固剂充分接触。

⑧ 焊接接长。对于需要延长的止水带部分，采用焊接方法进行接长，确保接缝处的严密和整体的稳定性。

⑨ 注满锚固剂。确保止水带周围的缝隙完全被锚固剂填满，以增强止水带与混凝土的黏结力，如图 3-7 所示。

⑩ 刷聚氨酯涂膜封闭。在止水带及其周围涂刷聚氨酯涂膜，进一步封闭可能的微小缝隙，提高防水性能，如图 3-8 所示。

⑪ 蓄水检测渗漏。安装完成后进行蓄水检测，以检查防水效果和发现潜在的漏点，确保整体防水系统的完整性和可靠性。

(5) 效益分析

① 经济效益。地铁工程投入运营后，因渗漏水对运营造成的影响非常严重。维修、整改、堵漏的费用是正常施工费用的 4～5 倍，由于能提供作业

图 3-7　锚固剂加固

图 3-8　涂刷防水材料

的时间非常短，所以安全管理非常严，进入作业现场的条件非常苛刻。本项目在施工期间通过检测发现渗漏水的质量缺陷，使得施工单位在交付运营前得到整改，从而避免在维保期间出现的渗漏水问题，减少了大量的堵漏费用。

a. 人员投入：人员每天费用×施工天数×人员总数量＝500×200×7＝700 000（元）。

b. 材料投入：每平方米材料费×总施工面积＝50×10 000＝500 000（元）。

c. 设备投入：单台设备每日租用费用×施工天数×设备台数＝50×200×10＝100 000（元）。

d. 预测后期还要投入维修费用200万元。

以上合计投入后续维修费用330万元，见表3-1。

表3-1　经济效益

后期维修成本		中埋式/万元	后埋式/万元
2019—2021年	人员投入	70	0
	材料投入	50	0
	设备投入	10	0
2021—2023年	预计投入	200	0
合计		330	

② 社会效益。本后埋式止水带技术应用于深圳市轨道交通14号线昂鹅车辆段大库盖体梁板的变形缝防水，防水效果远好于同类工程，为盖下顶棚的装饰装修施工提供了保障，减少了后期的防水堵漏工作，节约了成本，保证了按时通车和运营时该设施的正常使用，取得了良好的社会效益，并且具有较好的推广应用价值。

3.3　变形缝止水带试验验证及分析

目前运用在地铁工程的变形缝防水措施多以常用的中埋式橡胶止水带为主。但地铁混凝土结构受年度温度应力、收缩应力，变形缝设计构造，材料的适用性和施工工艺的影响等，容易导致防水失败而漏水，影响地铁设备的正常使用。若变形缝设置距离长，受年度温度影响，则变形会更大。如果采用传统的中埋式橡胶止水带防水，那么在地铁施工完成较短时间内，容易出现变形缝渗漏水问题，防水效果差。通过优化设计、改进材料和施工节点，本项目创新性地提出新型后埋式止水带施工，系统地改进变形缝防水效果，完善变形缝防水施工工艺。

通过深入分析和比较中埋式止水带(图 3-9)与后埋式止水带(图 3-10)在不同压力条件下的防水效果,结合实地观察及数据分析,评估这两种止水带在实际应用中的性能表现、适用范围及优缺点。

图 3-9　中埋式止水带

图 3-10　后埋式止水带

3.3.1　试验设备

① 多片混凝土开槽机(图 3-11):额定电压 220 V/50 Hz,电机功率 2.7 kW,最大切割宽度 42 mm,最大切割深度 40 mm。

② 单片混凝土开槽机(图 3-12):额定电压 220 V/50 Hz,电机功率 2 kW,锯片规格 160 mm,切割深度 48 mm。

图 3-11　多片混凝土开槽机

图 3-12　单片混凝土开槽机

③ 折边机(图 3-13):电源电压 380 V,电机功率 3 kW,最小折弯角 60°,加工板厚 0.3～1.5 mm,最大加工长度 2 500 mm。

④ 氩弧焊机(图 3-14):电源电压 220 V,电流调节范围 10～160 A,焊接厚度 0.3～3 mm。

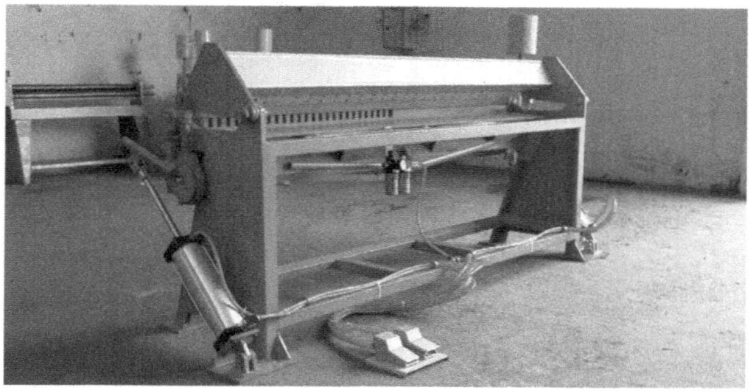

图 3-13　折边机

图 3-14　氩弧焊机

⑤ 剪板机(图 3-15):电源电压 380 V,电机功率 5.5 kW,最大剪切板厚 4 mm,最大剪切长度 2 500 mm。

⑥ 冲击钻:电源电压 220 V,额定功率 1.1 kW,额定冲击频率 5 000 次/min。

⑦ 搅拌器:电源电压 220 V,额定功率 2.6 kW,额定转速 180～850 r/min。

⑧ 吹尘风机:电源电压 220 V,额定功率 0.6 kW,额定风量 3.5 m^3/min。

图 3-15　剪板机

3.3.2　试验过程

① 试验区域的选择与准备：选择试验区域，确保选定的地点在地质条件、混凝土结构特性以及预期受力状态等方面具有代表性。对试验区域进行必要的清理和基础准备工作，包括确保变形缝处无杂物、表面平整，以及周围环境适宜进行蓄水测试。

② 安装止水带：在混凝土浇筑前安装中埋式橡胶止水带，按照制造商的规范和工程设计要求，确保止水带在混凝土中的位置正确、固定牢靠。对于后埋式止水带，选择在混凝土结构完全固化后进行安装。使用专用的GCYY-201 型锚固剂，根据技术规范将止水带固定在预定的变形缝位置，确保其与混凝土墙体之间的紧密贴合(图 3-16)。

③ 构建蓄水池：在地面建筑变形缝上方，利用防水膜和支撑结构搭建临时蓄水池。确保蓄水池的稳定性和防水性，以及足够的容量来满足蓄水深度的要求。对于地下建筑，根据实际情况决定是在回填土前还是回填土后进行蓄水测试。若在回填土后进行，则需在结构顶板上砌筑水池，以模拟实际运营条件下的水压情况。

④ 执行蓄水测试：严格按照预定的蓄水条件进行蓄水。使用测量标尺确保蓄水深度达到要求，同时利用水平仪调整水池平衡，避免因倾斜导致的

测试偏差。在蓄水过程中，持续检测水位变化，确保整个测试周期内水位稳定（图 3-17）。

图 3-16　安装止水带

图 3-17　蓄水测试

⑤ 渗漏检测：使用高精度的流量计和湿度传感器定期检测蓄水区域的渗漏情况。特别注意记录渗漏点的具体位置、开始渗漏的时间以及渗漏水量。对于检测到的渗漏点，进行详细记录和拍照，以便后续分析。

⑥ 结构变形检测：在蓄水测试期间，利用裂缝宽度测试仪和位移传感器记录止水带周边结构的变形情况。定期读取监测设备的数据，并与蓄水测

试的其他观测结果一起进行综合分析。

3.3.3 现场试验结果验证

在现场试验中，后埋式止水带在所有测试条件下均显示出优于中埋式橡胶止水带的防水性能，尤其在长期蓄水测试中，后埋式止水带的渗漏点较少，渗漏量也显著减少。后埋式止水带展现出更好的结构变形适应性，无明显损伤或功能丧失（图 3-18），而中埋式橡胶止水带在一定的结构变形下出现损伤（图 3-19）。

图 3-18　后埋式止水带蓄水法检测结果

图 3-19　中埋式止水带失效

由图 3-20 及图 3-21 可知，中埋式止水带渗水量在开始阶段保持为 0，之后逐渐增加。在 12 h 之后，渗水量开始显著增加，在蓄水时长 24 h 时，达到了最大值 25 mL。后埋式止水带在测试期间并未出现渗漏情况，在整个试验过程中，中埋式止水带相对位移的增加速率略高于后埋式止水带。随着时间的推移，后埋式止水带与中埋式止水带均出现小幅度位移。中埋式止水带的渗水量和相对位移随着蓄水检测时长的增加而逐渐增加，表明其抗渗性能在长时间作用下出现了疲劳和逐渐减弱的情况。

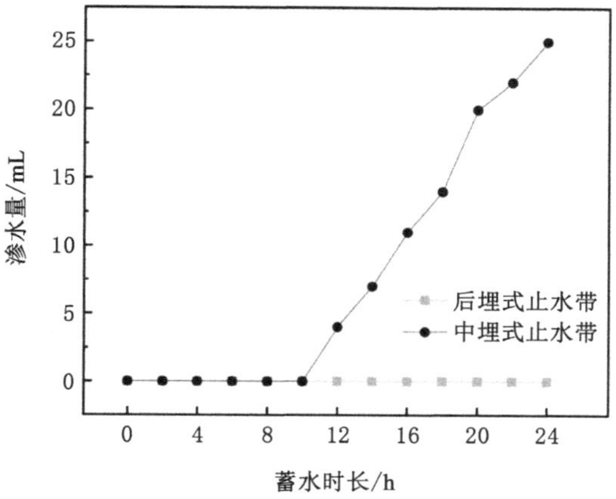

图 3-20　止水带渗水量试验结果

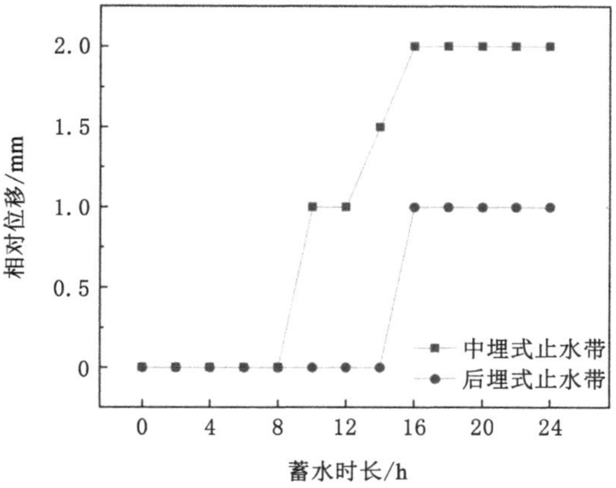

图 3-21　止水带相对位移试验结果

后埋式止水带由于其优良的材料特性和锚固技术，能够更有效地防止水分渗透。其设计考虑了地铁混凝土结构特有的应力变化和变形缝的动态变化，因此在实际应用中表现出更佳的防水效果。

中埋式止水带虽然在初期阶段能提供有效的防水功能，但在长期受到结构变形和温度变化影响后，其性能逐渐下降。而后埋式止水带的设计允许其在一定范围内适应混凝土结构的沉降和变形，减少因结构变化导致的损伤，此外即便在出现渗漏时，其维修也较为简便，通过焊接即可恢复防水功能。

相比之下，中埋式止水带一旦受损，其修复过程复杂且成本较高，在结构发生较大变形时，修复效果难以保证。综合考虑防水性能和结构变形适应性，后埋式止水带为地铁工程变形缝的防水提供了一种更为可靠和经济有效的解决方案。其不仅提高了防水效果，也降低了维护成本，延长了工程寿命。

3.4 本章小结

本章通过详细的理论分析和现场对比试验，深入探讨了大型结构混凝土变形缝防水性能，特别是中埋式止水带与后埋式止水带在地铁工程中的应用效果。本章的研究不仅为地铁工程变形缝的防水提供了科学依据和技术支持，也为其他大型结构工程的防水设计和施工提供了宝贵的参考。

① 通过对变形缝的类型和构造原理的分析，明确了变形缝在结构中的关键作用，以及防水设计在保障结构安全和功能中的重要性。变形缝的设计考虑了混凝土结构在实际工程中面临的复杂环境条件，包括温度变化、湿度变化及基础不均匀沉降等因素，确保设计方案的科学性和实用性。特别强调了在超大尺寸混凝土结构中，变形缝的防水设计需要兼顾灵活性与稳定性，本研究采用多层次防护策略，并辅以防水材料的寿命周期管理，以实现结构长期的防水效果。

② 现场对比试验结果显示，后埋式止水带相比中埋式止水带，在防水性能、结构变形适应性及维修便捷性等方面表现出显著优势。针对后埋式止水带，本研究采用可装卸式接水槽，通过基座与混凝土结构固定，做好防水

打胶，水槽安装在基座上，既能够起到排水作用，还随时可以拆卸恢复，检查变形缝的渗漏水情况，及时采取措施。后埋式止水带的成功应用，为地铁等大型地下工程变形缝的防水提供了新的技术参考和实践经验，特别是在应对结构变形和环境变化方面显示出更高的可靠性和经济效益。

③ 综合考虑防水效果、结构适应性和维护成本，后埋式止水带为地铁工程中变形缝的防水设计和施工提供了一种更优的解决方案。未来工作应进一步探索和优化后埋式止水带的设计、材料选择及施工技术，以提升地铁工程防水系统的整体性能和可持续性，保障地铁工程的安全运营和长期稳定。

第4章　超大结构钢纤维混凝土抗裂及变形缝防水施工工艺研究

4.1　大平台混凝土应力控制方案

大平台混凝土早期的温度应力和收缩应力大，极易发生开裂。其中，地铁车站和区间都是典型的纵长结构，具有纵向刚度小、横向刚度大的特点。纵长结构合拢后，在收缩应力和年度温度应力作用下，结构也具有很大的开裂风险，后期可能出现大量贯穿性有害裂缝。给施工和运营单位造成很大的经济负担，效益降低，社会负面影响也很大。因此，除了需要在设计上采取技术措施减少其不利影响外，还应在施工技术与工艺上进行优化。为此，可通过地铁纵长结构的收缩应力释放与约束，以及纵长结构的年度温度应力释放与锚定，避免全过程结构开裂。

4.1.1　混凝土结构应力释放与约束

通过参数比对和试验研究，选取低收缩率的混凝土配比，可有效降低混凝土收缩应力，并在施工过程中做好施工养护与温度检测工作(图 4-1)。

未采取保温养护时，混凝土里表温差和降温速率较大，出现浅层裂缝和贯穿性裂缝风险较大；采取保温养护后，表面与环境温度差因保温层作用非常小，可以有效控制浅层开裂，随后的降温速率得到控制，最大日降温速率降低 50%左右，利于控制贯穿性裂缝。优化后的混凝土配合比更是将日降温速率控制在 2 ℃以内(图 4-2、图 4-3)。

图 4-1　现场保温措施

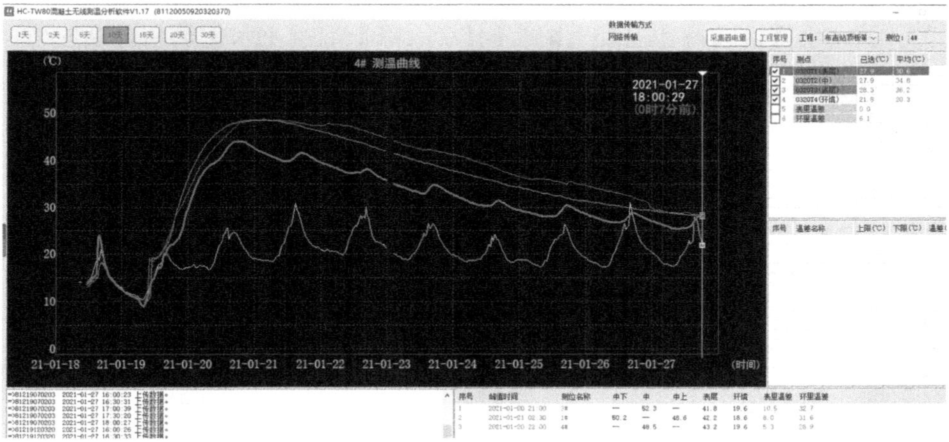

图 4-2　测温图 1(配合比优化前有保温层)

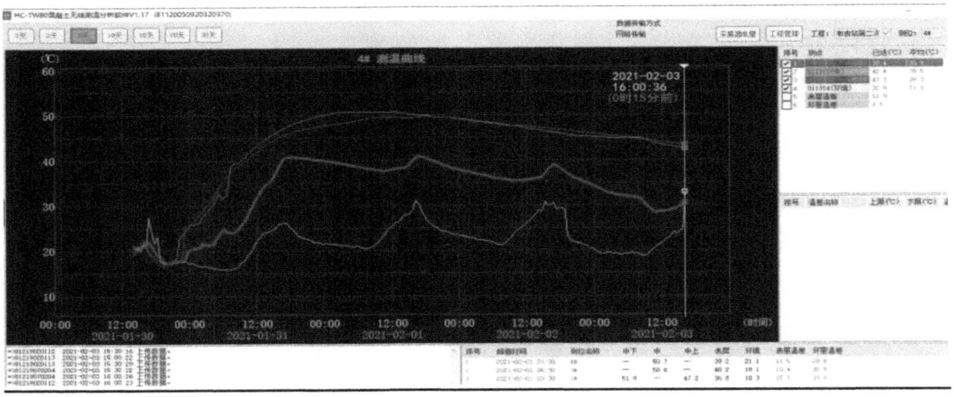

图 4-3　测温图 2(配合比优化后有保温层)

做好混凝土结构收缩应力约束和温度应力锚定，基于结构受力结果，对不同构件的受力、变形特点进行设计方案优化，增设释放和约束应力的技术措施。

4.1.2　混凝土温度应力释放与锚定

① 优化原料选择和混凝土配合比设计，降低混凝土水化热和温度应力。

② 选择温度应力释放后浇带浇筑时机，降低纵长结构本体温度与环境温度的温差。

③ 通过大刚度的框架结构与周边构造建立关系，分段锚定年度温度应力。

④ 设置温度应力释放后浇带，释放早期因降温造成的温度应力。通过选择低温浇筑后浇带，降低混凝土结构合拢温度与年度低温的温差，从而降低通长结构的温度应力。

⑤ 在单向板和墙纵长结构中设置横向梁和柱，通过锚固梁柱结构并对年度温度应力进行锚定，分段将年度温度应力传递到边墙，阻隔温度应力合拢，将温差影响长度截短，使得混凝土的抗拉应力大于温度应力。

⑥ 横向梁和柱的设置使得该处的温度应力骤降，其约束力越强，结构整体的温度应力越大。

4.2 顶板防水方案

4.2.1 防水层优化设计

大平台顶板有条件可实施防水层密贴工法。混凝土结构防水层应与混凝土表层密贴，阻止防水层漏点窜水，防止造成大面积的多漏点。

卷材防水搭接处的工艺需要考虑可靠性和耐久性问题，收口处理困难，特别是结构变化处难以保证质量，窜水问题严重，易导致防水层失效，因此，通常不设计两道同样工艺的防水层，第一道防水层采用高分子涂膜，保证涂膜厚度，以便防水层能真正起到首道防水作用，从而克服防水卷材的弊端。第二道采用卷材防水，主体结构采用 P8 等级的防水混凝土。

4.2.2 防水层施工方案

首先，应加强工程管理，确保材料符合国家标准，随机抽检合格。其次，抓好涂膜工艺，特别应保证涂膜厚度。最后，还要做好收口处理，减少渗漏水常发的频次。具体要求如下：

① 重点抓防水层施工前的基层处理，保持其干燥状态，做好混凝土结构实体工程防水质量的检验。

② 控制材料的质量，理解抽检材料的必要性。

③ 样板的实施和验收。关键收口部分提前做样板，模拟实际防水状态。

④ 材料搭接和收口可靠，避免形成渗水通道。卷材防水层有条件可进行分仓，减少窜水发生。

⑤ 做好对防水层的成品保护，加强施工管理。

4.3 施工要求

4.3.1 结构混凝土应力控制

① 降低收缩和温度应力：混凝土配合比审查，生产和运输的跟踪管理，

混凝土到场检测开裂指标,分段长度管理,跳仓间隔控制。

② 释放收缩应力的措施:跳仓,间隔时间控制,振捣,混凝土布料均匀。

③ 约束收缩应力的措施:延长混凝土终凝后升温时间;在混凝土温度应力为正时,约束混凝土的收缩应力,终凝后不要浇水。

4.3.2 止水带质量控制

在后埋式止水带验收之前,应进行现场质量检测,包括外观检查和工程实体防水检测。车辆段大平台变形缝在一类设备房上按100%检测,在二类设备房及办公用房上抽10%,车站出入口变形缝按100%检测,其他变形缝按长度的10%检测。

(1) 外观检查

后埋式止水带安装完成以后,应进行外观检查:锚固切缝处应补平;止水带拼接接缝处应焊接牢固,无咬边和渗漏点;表层涂膜厚度应满足要求。

(2) 原材料和半成品检查报告

进场的后埋式止水带半成品应提供出厂合格报告,并附有合格证,外观检查无缺陷,应有原材料的质量检测报告。

(3) 实体工程蓄水检测

变形缝防水质量可以采用蓄水法检测。

① 地面建筑变形缝。

a. 蓄水条件:完成止水带施工后。

b. 蓄水水位:水深不低于100 mm。

c. 蓄水检测时间:变形缝蓄水达到水位后不少于24 h。

② 地下建筑变形缝。

a. 蓄水条件:混凝土结构和止水带完成施工,具备回填土条件。也可以在回填完成后,在结构顶板上砌筑水池蓄水检测。

b. 蓄水水位:设计最高水位高程,不低于完工后永久地面标高。

c. 蓄水检测时间:回填土前检测不少于1 d,回填土后检测不少于7 d。

4.3.3 混凝土养护优化

混凝土结构从浇筑成型开始即处于材料-环境耦合作用的环境中。在早龄期，环境因素影响混凝土表面蒸发速度或失水速度，同时影响水泥等胶凝材料的水化放热速率，并对混凝土温度和湿度造成影响。在塑性阶段，综合考虑混凝土表面状况（温度、气压）和环境气候条件（大气温度、湿度、风速和光照）。在 30 ℃、30%相对湿度、4 级风的条件下，混凝土表面水分蒸发速度可达 1.5 kg/(m^2·h)以上。随着蒸发速度增大，混凝土塑性开裂时间显著提前。

工程通常采用泵送混凝土，其表面水泥浆较厚，浇筑后须在混凝土初凝前用刮尺抹面或用木抹子打平，可使上部骨料均匀沉降，以提高表面密实度，减少塑性收缩变形，控制混凝土表面龟裂，也可减少混凝土表面水分蒸发，闭合收水裂缝，促进混凝土养护。在终凝前再进行搓压，要求搓压三遍，最后一遍要掌握好时间，以终凝前为准，终凝时间可用手压法把握。

大平台混凝土的养护采取保湿养护法，并封闭混凝土内部水分蒸发的途径，使混凝土能在湿润的条件下进行养护，以控制干缩裂缝产生，保湿养护的持续时间不得少于 14 d。

4.4　施工阶段的混凝土浇筑流程

普通水泥混凝土平台具有稳定性好、强度高、耐久性好、耐高温等优点，在我国的建筑、交通设施和水利等土木工程中得到了广泛应用。然而，普通水泥混凝土平台同样存在明显的缺陷，如抗弯、抗拉、抗剪以及阻裂等性能相对较差，容易出现断板、开裂和贯穿裂缝等病害。这些问题导致了后期维护费用较高，其单价远远超过施工阶段的数倍，给施工总包单位和运营单位带来了巨大的经济负担，降低了效益，同时也对社会产生了显著的负面影响。

钢纤维混凝土作为一种水泥基复合型材料，通过将纤维材料与粒料混合，能够有效增强和改善混凝土的抗剪、抗弯、抗拉、耐磨和抗裂等性能。除此之外，钢纤维混凝土能减小混凝土的厚度，增加伸缩缝的布置间距，从而延长平台的使用寿命。

4.4.1　施工要求

（1）混凝土应力控制

首先，为了降低混凝土的收缩和温度应力，需要严格审查混凝土配合比。混凝土的收缩性能与其成分比例密切相关，通过优化配比可以有效降低其收缩倾向，从而提高混凝土的稳定性。

其次，对混凝土的生产和运输过程进行跟踪管理是至关重要的。这两个环节直接影响着混凝土的质量和性能。通过加强监管可以确保混凝土在到达施工现场前保持理想的性能状态，为后续的施工奠定坚实的基础。

再次，分段长度管理和跳仓间隔控制是释放混凝土收缩应力的有效方法，能够降低混凝土开裂的风险。采取跳仓、控制间隔时间和确保布料均匀性等措施也能进一步提升混凝土的性能。跳仓施工能够避免连续浇筑导致的应力累积，控制间隔时间则有助于混凝土在适当的时机进行应力释放。通过严格审查混凝土配合比、跟踪管理生产和运输过程，以及采取一系列释放收缩应力的措施，可以有效降低混凝土的收缩和温度应力，提升其整体性能和耐久性。

（2）止水带质量控制

在大型建筑工程中，施工条件、地基变形以及温度变化等多重因素常常导致混凝土构件的热胀冷缩，使得连续浇筑成为不可能，因而需要预留施工缝。这些缝隙虽为施工所必需，但也带来了极大的隐患。若不采取有效防水措施，则水分便会通过这些缝隙渗漏进入建筑结构内部，进而影响建筑的稳定性和使用寿命。

为了有效应对这一问题，安装止水带成为关键所在。止水带不仅能够在施工缝处形成一道坚实的防水屏障，还能有效预防水分侵入建筑结构内部，从而确保建筑的结构安全。

在后埋式止水带验收之前，进行一系列质量检测是不可或缺的环节。这些检测不仅包括对外观的细致检查，还涉及对工程实体防水性能的测试。例如，对于车辆段大平台等关键区域的变形缝，需要进行100％的检测，以确保止水带的安装质量和使用效果达到最佳状态。

外观检查是初步评估止水带质量的重要手段。在安装完成后，应对其进行仔细查看，确保锚固切缝处已补平、拼接接缝处焊接牢固且无渗漏点，表层涂膜厚度也应满足相关要求。

地面建筑的变形缝蓄水检测相对直观，通过在施工完成后进行蓄水，并观察一定时间内的水位变化即可判断其防水性能。而地下建筑的变形缝防水检测则更为复杂，需要考虑到混凝土结构和止水带的施工完成情况、回填土的条件以及可能的砌筑水池蓄水检测等因素。这些检测条件和时间要求的设定旨在全面评估止水带的防水效果，确保建筑在投入使用后能够抵御水分的侵袭。

综上所述，止水带在大型建筑工程中扮演着至关重要的角色。通过严格把控其质量和进行全面的防水性能检测，可以确保建筑结构的稳定性，使用寿命也可以得到有效保障。

（3）安全措施

① 施工前，应做好安全交底和安全教育。

② 在 2 m 以上高度作业时，应搭设好脚手架，围好护栏。

③ 高空作业应系好安全带。

④ 使用氩弧焊作业时，应注意安全措施。

⑤ 施工前，应检查设备和机具完好，做好安全用电检查。

⑥ 作业人员穿戴好安全帽、反光衣。

（4）环保措施

① 在混凝土结构上切割缝时，应洒水降尘。工人应穿防尘衣服、戴口罩。

② 锚固剂的使用应按照说明书要求进行规范操作。

③ 施工完成后，对剩余材料和操作设备进行清场并及时打扫。

④ 锚固剂包装材料应有防潮功能，储存时应避免重压且注意勿使包装损坏；储存应放置在 15～35 ℃的室内，并避免阳光直射和淋雨；锚固剂属于化工产品，禁止与酸、碱、油类及有机溶剂等接触且远离热源，注意防火。

⑤ 在按照要求进行储存时，锚固剂自生产之日起 12 个月内，产品性能应符合专利技术的规定。

⑥ 止水带半成品在运输时应按不同类型产品分装且固定好，防止碰撞变形。装卸时应注意轻拿轻放。

4.4.2　分段浇筑

分段浇筑在控制混凝土的温度和收缩方面具有至关重要的作用。混凝土在固化过程中常发生收缩现象，是由内部温度差异导致的。采用分段浇筑的方法，能够有效减缓这些温度和收缩对结构的不利影响。

在大型平台工程中，采用分段浇筑的方法为施工队提供了更大的灵活性。相较于一次性浇筑整个结构，分段浇筑允许施工队根据工程需求逐步完成工作。这不仅有助于提高工程的施工效率，还能够更好地适应不同阶段的工作需求。

除了对温度和收缩的控制，分段浇筑混凝土还满足了施工的实际需求。施工要求的灵活性使得工程团队能够更好地协调资源，避免浪费，从而实现更经济、高效的施工过程。因此，采用分段浇筑混凝土的做法在实际施工中是合理可行的，为结构的长期稳定性和施工效率的提升提供了有力支持。从目前的设计分段来说，相对合理的区间在 40～50 m。将建筑面积为 237 298 m^2的超长超大的混凝土块划分为若干个区块进行施工，本工程采用二级分区的方式，按照施工计划划分为 115 个板块(图 4-4)，平均每块面积约 2 000 m^2，其中最大面积 2 974 m^2，最大长宽接近规范限值 55 m，板块间设置后浇带，能够较好释放初期收缩应力，在后期收缩应力较小时，再浇筑板块间的后浇带，将若干的区块组合成整体，形成一级分区。

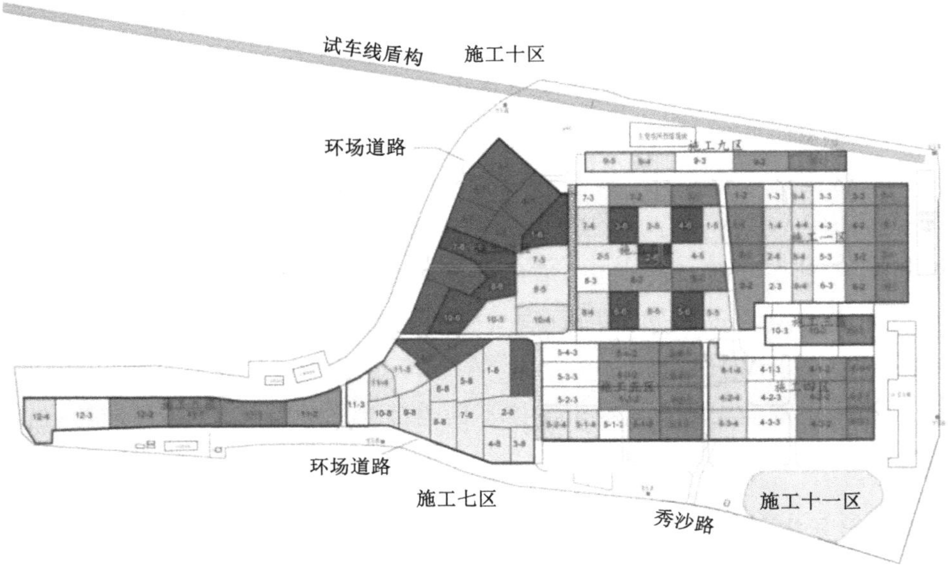

图 4-4　大平台二级分区

分块施工完成后，需要滞后将近 2 个月的时间浇筑后浇带，用以释放 70%～80%的收缩应力，减少结构合拢后的残余应力。每 40～50 m 设置一道后浇带，宽度一般为 1.2～1.5 m。后浇带浇筑时，选择气温较低的时段完成，以减少裂缝。后浇带需采用同标号膨胀混凝土浇筑，加强养护，且需要做好两侧的拉结筋设置、浇筑面凿毛和湿养护。

4.5　钢纤维混凝土施工工艺

4.5.1　钢纤维混凝土的制备

为了提升混凝土的抗裂性能，在钢纤维混凝土的生产过程中采用强制式搅拌机进行精确、均匀的搅拌显得尤为关键。这种搅拌机能够确保材料在混合过程中得到充分而均匀的搅拌，从而避免了因材料分布不均而导致的性能下降。在具体的搅拌工艺中，通常会先对钢纤维、砂、水泥进行干拌，使其初步混合均匀，然后再加入适量的水和其他湿拌材料，通过湿拌的方式进一步确保钢纤维在混凝土中的均匀分散，如图 4-5 所示。这样不仅可以提高混凝土的抗裂性，还能显著增强其韧性，使混凝土在受到外力作用时能够更好地抵抗裂纹的产生和发展。除了搅拌工艺外，对单次拌合量的控制、材料的投放顺序以及搅拌时间的把握也是确保混凝土拌合物质量和性能的重要环节。单次拌合量过多或过少都可能影响搅拌的均匀性和效率，而材料的投放顺序则直接关系到混凝土中各组分的均匀混合程度。搅拌时间的控制更是至关重要的，过长或过短都可能导致混凝土的性能不稳定。因此，在搅拌过程中必须精确控制每一个环节，确保混凝土拌合物达到最佳的性能状态。为了保持钢纤维混凝土在施工过程中的良好工作性能，还需要控制其坍落度与普通混凝土相当。

坍落度是衡量混凝土流动性的重要指标，它直接影响到混凝土的施工性能和硬化后的质量。钢纤维混凝土坍落度试验如图 4-6 所示。

在钢纤维混凝土的运输和浇筑过程中，防止离析和分层同样是一个需要重点关注的问题。离析和分层会导致混凝土中各组分分布不均，严重影响其性能和质量。因此，在运输过程中需要采取适当的措施来减少震动和颠簸，避免混凝土发生离析和分层。同时，对于因运输或等待时间过长而导致的坍落度损失，应及时在卸料前添加适量的减水剂进行补救，以确保混凝土的性能不受影响。

（a）钢纤维、砂、水泥的干拌　　（b）钢纤维混凝土

图 4-5　钢纤维混凝土制备

图 4-6　钢纤维混凝土坍落度试验

4.5.2　钢纤维混凝土的浇筑、振捣

本项目对承受动荷载较大的施工七区采用钢纤维混凝土，并用三辊轴机组进行铺筑，这一工艺确保了施工的高效性和混凝土质量的均匀性。

在摊铺过程中，为确定摊铺系数，采用不同的铺摊系数进行现场铺筑，后对试验段的铺摊效果进行评估，最终得到了当地条件下的相应最优系数为 1.2，避免了使用不当的摊铺方式可能导致的离析现象。对于摊铺过程中出现的结团情况，施工人员及时进行人工处理，有效防止了蜂窝等质量问题的出现。同时，整个浇筑过程在 40 min 内完成，保证了混凝土的工作性能和施工效率。

在振捣环节，采用平板振动器与插入式振动器相结合的振捣方式，充分适应了钢纤维混凝土的特点。从边角位置开始振捣，有效解决了钢纤维混凝土在边角处易于出现蜂窝的问题。振捣时间的控制以混凝土停止下沉、不出现气泡、表面出现浮浆为宜，既保证了混凝土的充分振实，又避免了过度振捣可能带来的不利影响。

连续浇筑时，在嵌缝板上预留圆孔穿传力杆，嵌缝板上设木制或铁制压缝板条，两端固定在钢筋支架上，支架脚插入基层内。不连续浇筑时，在端模板外侧增设定位模板，按间距及杆径钻孔，两板间安装一半杆长横木固定。

综上所述，通过严格的施工流程和精细的操作控制，钢纤维混凝土的浇筑施工得以顺利完成，为混凝土结构的性能和使用寿命提供了有力保障。

4.5.3　钢纤维混凝土的养护

为了确保养护效果，需要在钢纤维混凝土终凝后立即采取措施：覆盖土工布并间歇性喷水，这样不仅能保持混凝土表面的湿度，还能防止其因高温而快速失水。建议的养护时间不少于 7 d，并可通过使用湿草袋或专用养护材料来进一步延长养护期，从而增强混凝土的耐久性能。

在养护期间，需严格禁止人员踩踏，以免破坏混凝土表面或影响其养护效果。只有经过充分的养护并确认各项性能达标后，才能开放该施工段，以确保工程质量和安全。

对于钢纤维转换梁的特殊养护需求，重点在于避免其受到风、太阳、雨水等外部环境的影响。因此，在养护期间应对梁体进行有效的封闭处理，如搭建临时挡风、防雨设施。此外，拆模时间的控制也至关重要，必须确保在混凝土达到规定的 28 d 强度之后进行，以保障超大结构体的结构性能和长期稳定性。

4.6 分段跳仓

在大平台施工中，分段跳仓法与其他施工方法相比，展现出了显著的优势。传统的顺序浇筑方法虽然施工效率高，但在大体积混凝土或复杂结构的情况下，容易导致温度应力和收缩应力的累积，从而增加混凝土出现裂缝的风险。而分段跳仓法通过合理地分块和跳仓施工，有效降低了这些应力，更好地控制了裂缝的产生。

顺序浇筑适用于小面积和较浅的混凝土层，但对于大平台施工来说，其效率较低且难以保证质量。而分段跳仓法通过机械化和科学化的施工方式，实现了高效、有序的混凝土浇筑。与顺序浇筑相比，分段跳仓法不仅提高了施工效率，还降低了劳动强度和施工成本。此外，与泵送浇筑相比，分段跳仓法在应对复杂结构和狭小空间方面更具灵活性。泵送浇筑虽然能够快速将混凝土输送到浇筑区域，但在某些特殊情况下，其施工难度较大。而分段跳仓法可以根据实际施工条件和结构要求，灵活调整分块和跳仓方式，适应各种复杂的施工环境。

分段跳仓法通过将超长的混凝土块体分隔成若干小块体，并在早期施工阶段释放应力，随后在后期较小的收缩应力阶段将这些小块体连接成整体。这一原理基于“抗放兼施、先放后抗”的理念，在跳仓施工阶段，混凝土的早期应力得以释放，即“先放”；而在封仓阶段，混凝土的抗拉强度增大，通过约束减小应变，即“后抗”。及时实施防水层、回填土等措施有助于减少混凝土结构长期受到空气暴露的影响，最终降低结构的收缩和温差引起的裂缝，从而实现裂缝的有效控制。

根据设计要求，分段跳仓的合理区间为 40～50 m。在昂鹅车辆段施工中，采用该方法将车辆段建筑面积为 237 298 m^2 的超长超大混凝土块划分为 115 个板块。

在实施分段跳仓法时，施工缝的定位至关重要。为减少其对结构剪力的不利影响，需要在剪力较低区域设定施工缝，可以有效减少由施工缝引发的应力集中现象，进而增强结构的整体稳定性。分段跳仓面积的精确控制不仅可以降低施工人员的劳动强度，还可以充分利用现场混凝土的一次性浇筑能力，从而在不牺牲施工质量的前提下提高施工效率，降低施工难度。

施工间隔时间的合理安排和施工顺序的规划，保障了与其他专业施工的协调性，降低了施工冲突和潜在风险，促进了施工效率的整体提升。在涉及预应力楼板及其周边楼板的施工中，要确保预应力的施加时机、力度以及路径符合设计要求，以实现施工过程的顺利进行并达成结构性能的预期目标。同时，确保间隔时间能够适应混凝土的收缩和温控需求，是控制温度和收缩影响的关键，浇筑间隔时间宜保持在不少于 14 d，这样有利于实现收缩应力的充分释放。

面对混凝土收缩与温度应力可能带来的叠加效应，需要采取适宜措施，如增强支撑系统、合理配筋等，以降低这些不利影响，并确保结构的安全稳定。

综上所述，分段跳仓法在大型建筑项目中的实施对于确保施工质量和结构安全起着关键作用，可有效减缓施工缝对结构的不良影响，提升建筑结构的稳定性与耐久性。

分段跳仓时需要考虑的因素有：

① 分段跳仓缝一般设在结构剪力最小的地方。

② 为了避免由于疲劳而影响工人的施工质量，同时考虑现场混凝土一次性的浇筑能力，分段跳仓面积不宜过大。

③ 避免因分段跳仓间隔时间的要求，而影响其他专业的施工。

④ 对于有预应力的楼板及其周边楼板，需要与设计单位以及预应力的分包单位进一步明确预应力的施加时间、施加大小与施加路径。

⑤ 浇筑的间隔时间不宜少于 14 d。

⑥ 采用相邻板块间隔施工，在混凝土收缩和温度应力叠加后大于结构的抗拉强度时，应采取措施避免出现不利影响。

⑦ 对于不适合相邻板块施工的分区采用整体棋盘式品字形施工方法。

良好的湿养护有利于降低收缩变形，混凝土终凝后，需喷养护液及铺上薄膜保湿。

4.7 变形缝防水施工工艺

4.7.1 变形缝工艺

（1）变形缝防水材料

变形缝采用钢板止水带（图 4-7），宽 350 mm，厚 4 mm；防水卷材加强层应选择与主体结构外包防水层相同的材料，施工缝先浇结构面应涂刷水泥基渗透结晶型防水材料。

图 4-7 钢板止水带

（2）变形缝的施工工艺

① 变形缝的位置应设置在结构受剪力较小且便于施工的部位。留缝应符合下列规定：和板连成整体的大断面梁，留置在板底面以下 20～30 mm 处，当板下有梁托时，留在梁托下部；沿次梁方向浇筑楼板，施工缝应留置在次梁跨度的中间 1/3 范围内。变形缝的表面应与梁轴线或板面垂直，不得留斜槎。变形缝宜用木板或钢丝网挡牢。

② 变形缝的处理（图 4-8）：水平变形缝浇灌混凝土前，将其表面浮浆和杂物清理干净后，涂刷水泥基渗透结晶型防水材料，再铺 30～50 mm 厚的

1∶1 水泥砂浆，并及时浇筑混凝土。垂直变形缝浇筑混凝土前，将其表面凿毛并清理干净，涂刷水泥基渗透结晶型防水材料，同时及时浇筑混凝土。变形缝处须待已浇筑混凝土的抗压强度不小于 1.2 MPa 时，才允许继续浇筑。在连续浇筑混凝土前，变形缝混凝土表面应凿毛，剔除浮动石子，并用水冲洗干净后，先浇一层水泥浆，然后继续浇筑混凝土，应细致操作并振实，使新旧混凝土紧密结合。注意变形缝位置附近的回弯钢筋，使钢筋周围的混凝土不受松动和损坏。钢筋上的油污、水泥砂浆及浮锈等杂物应清除。从变形缝处开始继续浇筑时，要注意避免直接靠近缝边下料。机械振捣前，宜向变形缝处逐渐推进，并距 80～100 cm 处停止振捣，但应加强对变形缝接缝的捣实，使其紧密结合。变形缝采用钢板止水带，接缝处用电弧焊封闭焊接。

图 4-8　变形缝的处理

(3) 后埋式止水带施工工艺

目前运用在地铁工程的变形缝防水措施多以常用的中埋式橡胶止水带为主。但由于地铁混凝土结构受多种内外部因素的影响，容易导致防水失败而漏水，影响地铁设备的正常使用。变形缝设置距离长，受年度温度影响，变形会更大。若采用传统的中埋式橡胶止水带防水，在地铁施工完成较短时间内，容易出现变形缝渗漏水问题，防水效果差。通过优化设计、改进材料，创新性地提出新型后埋式止水带施工，系统地改进变形缝防水效果，完善变形缝防水施工工艺。

将 BG-199 型后埋式变形缝止水带安装在已浇筑的混凝土墙体的变形缝上，通过 GCYY-201 型锚固剂将止水板固定在混凝土墙体上来实现相应的止水作用，具有与混凝土结构同寿命的良好耐久性。止水板同时具备一定的弹性变形能力，使得其能够适应于混凝土墙体不均匀沉降的变形，不易因为沉降拉伸而出现损坏，并且在后续止水板处出现偶发渗漏的情况时可以直接通过焊接进行修复，达到便于修复的目的。BG-199 型后埋式变形缝止水带是半刚性半柔性结构，既能适应主体结构不均匀沉降和伸缩变形，也能具有较好的修复性能，特别具有良好的耐久性。

后埋式变形缝止水带操作要点如下：在变形缝两侧混凝土结构上选择止水带安装部位，弹线；采用切割机切缝，缝宽 20 mm、深 20 mm；实测切缝间距和误差情况，记录并提交工厂制作后埋式止水带；锚固剂加水稀释，调制合适浓度，注入缝深一半；将后埋式止水带半成品埋入缝中；采用氩弧焊焊接接长变形缝；缝内注满锚固剂，压实；待锚固剂完全充满变形缝内两侧，刮平锚固剂。待锚固剂凝固后，刷聚氨酯涂膜封闭表面。1 d 后，在缝四周围筑水池蓄水，水位高于设计标高，蓄水 48 h 无渗漏即为合格。

① 技术指标。后埋式止水带断面如图 4-9 所示。

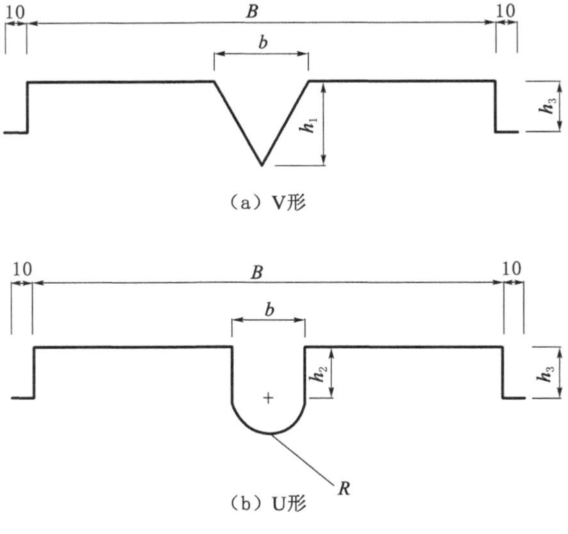

图 4-9 后埋式止水带断面图

图 4-9 中，B 为变形缝止水带宽度，根据现场变形缝实际宽度确定；b 为止水带变形槽宽度，应能够满足结构变形量 Δb 的要求；h_1 为止水带变形槽高度，能够满足 Δb 的结构变形量要求；h_2 为止水带变形槽高度，能够满足 $\Delta b-10$ mm 的结构变形量要求；h_3 为止水带支脚高度，取 20～25 mm，根据现场实际切缝深度确定；R 为当采用 U 形止水带时的圆弧半径，根据变形量确定。

② 所用材料。变形缝装置盖板应采用 06Cr19Ni10 不锈钢，处于严重腐蚀环境时应采用 022Cr17Ni12Mo2 不锈钢，不锈钢板的技术条件应符合 GB/T 3280—2015 及 GB/T 4237—2015 的规定。高分子涂膜采用潜固化型单组分聚氨酯防水涂料。所采用锚固剂符合专利产品 GCYY-201 的技术要求。

③ 物理性能。后埋式止水带符合专利产品 BG-199 的技术要求：金属材料厚度 $t \leqslant 1$ mm 且 $\geqslant 0.5$ mm。止水带锚固剂的凝固时间不小于 30 min，抗拔力不小于 0.5 kN/mm^2。

④ 半成品制作要求。

a. 尺寸及造型。根据变形缝的宽度和开槽间距确定后埋式止水带的宽度 B；变形伸缩部分可以设为 V 形，也可以设为 U 形。当 V 形部分或 U 形部分变形缝宽度伸缩总量 Δb 大于设计要求或满足结构变形缝伸缩总量为合格。

变形缝宽度伸缩总量 Δb 可以按照后埋式变形缝止水带标准附录推荐公式进行计算。

b. 加工误差。长度方向±2 mm，宽度方向±1 mm，高度方向±1 mm。

⑤ 工序。根据下料清单，进行钢板的剪裁。采用磨具控制好弯曲部位和尺寸。双面涂刷聚氨酯防水涂膜，厚度不小于 1 mm。

⑥ 构件检验。包装前，应对半成品的尺寸、误差和涂膜厚度进行检测，合格后才能包装出厂。

⑦ 包装、标志、储存、运输。后埋式止水带和锚固剂应使用不影响其质量的适宜材料进行包装。每一包装内应有合格证，并注明产品名称（如 BG-199 止水带和 GCYY-201 锚固剂），产品标记、商标，制造厂名、厂址，生产日期，产品标准编号等。

⑧ 安装要求。

a. 施工人员要求。后埋式止水带应由专业施工队伍实施，作业人员应经过相关技术培训后上岗。需要配备相应的设备，并使用后埋式止水带半成品和锚固剂专利产品。

b. 现场测量。后埋式止水带的安装方式，应根据现场结构情况设计。加工前，应经过现场测量工序。现场测量应该尽量在环境温度较低、变形缝处于较大宽度时进行，不得在环境温度较高、变形缝处于较小宽度时间段进行。

c. 基层处理。基层混凝土应平整、密实，符合设计要求。如误差过大，或有蜂窝麻面及裂缝，需要先进行基层处理，防止从变形缝两侧结构部位发生渗漏。

d. 切缝要求。切缝宽度和深度应符合专利技术的要求，宽度 20～30 mm，深度不小于 18 mm 且不大于 25 mm。切缝时不应伤及结构钢筋，切缝应顺接，不能产生突变点

e. 抗拔试验。安装后埋式止水带前，应进行抗拔试验。采用长 100 mm 的止水带，锚固完成后 72 h 进行抗拔试验。现场采用弹簧秤进行试验时，抗拔力不小于 500 kN。

f. 后埋式止水带安装大样。当后埋式止水带上部有回填土时，应该设置滑动薄膜和保护层，以保证止水带能够自由伸缩和不被回填土损伤。在后埋式止水带上部回填土中设置变形缝标识，方便后续检修时寻找渗漏点。后埋式止水带如图 4-10 所示。

图 4-10　后埋式止水带

⑨ 应用效果。能够适应两侧混凝土墙体的不均匀沉降和伸缩变形，具备良好的修复性能(图 4-11)。

图 4-11　后埋式止水带防水效果

通过在止水板表面涂覆高分子防水层，能够有效提高止水板的防水性能，且能更加有效地防止止水板出现渗水的情况。

混凝土墙体的表面开设有安装缝，所设安装缝内填充有锚固剂，翼板远离弯折部的一侧弯折有与安装缝插接的插接部。止水板通过翼板上的插接部与安装缝插接且借助锚固剂进行固定，与传统采用螺钉固定的方式相比，止水板与混凝土墙体连接处具备更好的防水性能，可有效避免水分从止水板与混凝土墙体连接处漏出的现象。

变形缝开口处边部与止水板表面实现紧密抵接，在该抵接处达到一定的密封防水、减少水分流至安装缝的目的，并且这样使得弯折部整体位于安装缝内，能够对止水板起到一定的横向限位作用，使得止水板安装稳固性更好。

为达到理想防水效果，现场变形缝混凝土结构如图 4-12 所示。

(4) 后浇带施工

图 4-12　现场变形缝混凝土结构

① 本工程后浇带为 800 mm 宽，分伸缩后浇带和沉降后浇带，后浇带部位用钢筋连通，伸缩后浇带在主体混凝土浇筑 2 个月后再浇筑，沉降后浇带在上部塔楼主体封顶满 2 个月且沉降稳定后封闭，封闭时控制合拢温度在 14.3～25 ℃，保温保湿养护不少于 14 d。后浇带宜采用微膨胀混凝土，强度等级较原设计提高一级，在构件施工 2 个月后浇灌后浇带混凝土，并加强养护。

② 后浇带内掺微膨胀剂 10%～12%。后浇带宜采用快易收口网或模板，楼板、梁的后浇带加强钢筋布置图如图 4-13 所示，后浇带钢筋应刷水泥浆并做防锈处理。

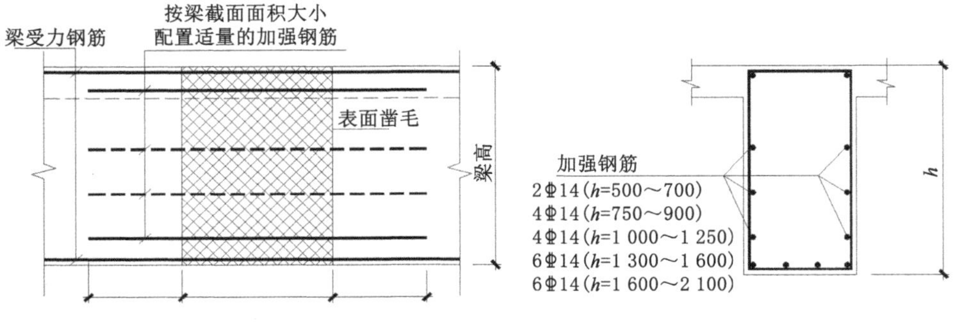

图 4-13　后浇带加强钢筋布置图

③ 后浇带在浇筑混凝土前，必须将整个混凝土表面按施工缝的要求进行处理。

④ 后浇带模板搭设时作为一个独立的模板体系，在拆除相邻开间模板时，不能对后浇带模板体系有影响。后浇带处模板拆除应待后浇带混凝土强度达 100%后再进行，且应按由上至下的顺序拆除。

⑤ 后浇带两侧应沿竖向留成直缝，采用模板、钢丝网等措施封堵严实，防止浇灌两侧混凝土时混凝土流淌或跑浆。同时将钢筋固定牢固，防止钢筋位移。

⑥ 后浇带两侧混凝土浇筑完后，及时对后浇带处采取保护措施，防止在后面的施工中对后浇带模板、钢筋、管线及两侧混凝土造成损坏。

⑦ 后浇带混凝土的浇灌严格按照设计规定的时间进行浇筑。

⑧ 塔吊洞口混凝土采用微膨胀混凝土，强度等级较设计强度高一级，梁钢筋按后浇带加强筋设置。

(5) 模板拆除

① 拆模前必须办理好拆模令，即项目总工、项目总监或总监代表签署的关于拆模的文件。主体结构梁、板底模板拆除时混凝土强度必须符合表 4-1 的要求。

表 4-1　底模拆除时混凝土强度要求

构件类型	构件跨度/m	达到设计要求的混凝土立方体抗压强度标准值的百分率/%
板	≤2	≥50
	>2,≤8	≥75
	>8	≥100
梁、拱、壳	≤8	≥75
	>8	≥100
悬臂构件	—	≥100

② 有后浇带的梁板，该跨的梁板模板及支撑架一律不拆，要待后浇带混凝土强度达到拆模要求后才能拆除支撑架及模板。

③ 拆模注意事项：

a. 模板拆除顺序遵循“先支的后拆、后支的先拆，先拆非承重模板、后拆承重模板”的顺序，拆除时从上而下进行拆除。拆下的模板、加固配件等不得抛扔，放在指定位置并码放整齐。

b. 应先拆梁、板侧模板，再拆除楼板模板，最后拆除梁底模板。

c. 拆模时严禁模板直接从高处往下扔，以防模板变形和损坏，拆下的扣件及时集中收集管理，以备再次使用。

d. 模板拆除后，立即清理残留混凝土、密封条等杂物，木模板上的钉子起干净，模板上的孔眼修补好，边角损坏的要进行整修，刷上脱模剂后分类堆放。

e. 模板拆除时应采用警示带设置作业区后才能拆除，拆除时专职安全员对拆除过程进行监护。

f. 拆模时在提前拆除互相搭连并涉及后拆模板时，应逐块拆卸，不得成片撬落或拉倒。

g. 遇 6 级或 6 级以上大风时，应暂停模板及支架的拆除。

4.7.2 防水层工艺

防水层施工是确保建筑防水的核心环节，其重要性不言而喻。一个优质的防水层能够有效阻隔水分渗透，保护建筑结构不受水分侵蚀，从而确保建筑的耐久性和安全性。若防水层施工不当或存在缺陷，则水分将可能渗透至建筑结构内部，导致墙体潮湿、发霉，甚至引发结构性损坏。

在施工过程中，需要细致准备，包括基础表面清理和修补，确保平整无缺陷，为防水层的施工奠定良好基础。底层采用聚氨酯防水涂料均匀涂布以提供基础防水保护。高聚物改性沥青防水卷材按规定铺设，接缝处需要特别处理，确保连续无缝隙，以充分发挥其防水效能。

局部如过孔、管道等也需要进行专门的密封处理，以消除潜在的渗水通道。施工完成后，还需要进行严格的检查和测试，以验证防水层的密闭性和耐久性，确保其能够长期有效地保护建筑结构。

4.8 本章小结

① 优化了大平台混凝土的浇筑流程，将建筑面积为 237 298 m^2的超长

超大混凝土块划分为 115 个板块。采用分段跳仓法间隔施工，经过短期的应力释放，在后期收缩应力较小的阶段再将若干小块体连成整体，依靠混凝土抗拉强度抵抗下一阶段的温度收缩应力，且施工过程要做好降低收缩温度应力与释放收缩应力的措施。采取保湿养护法，封闭混凝土内部水分蒸发的途径，使混凝土能在湿润的条件下进行养护，以控制干缩裂缝的产生，保湿养护的持续时间不得少于 14 d。

② 提出了钢纤维混凝土的现场施工工艺，包括制备、浇筑、养护三部分。制备过程中采用强制式搅拌机对钢纤维混凝土进行搅拌，确保纤维均匀分散在混凝土中，保证混凝土拌合物具有良好的和易性，不得离析、泌水或纤维聚团。通过严格的施工流程和精细的操作控制，钢纤维混凝土的浇筑施工可顺利完成，为混凝土结构的性能和使用寿命提供了有力保障。

③ 提出了采用钢板止水带的变形缝防水施工工艺。钢板止水带布设前应先涂刷水泥基渗透结晶型防水材料，而后将钢板止水带的接缝处用电弧焊封闭焊接。钢板止水带的焊接，完善了接口防水层施工工艺，优化了裂缝堵漏方案。

参考文献

[1] 唐发忠.车站主体结构大体积混凝土数字化防渗漏研究[J].城市建设理论研究,2023(29):197-200.

[2] 徐可,赵娟,闵强,等.明挖隧道工程混凝土抗裂防渗常见问题及提升技术研究综述[J].新型建筑材料,2022(12):144-150.

[3] QIN Y,ZHANG X W,CHAI J R,et al.Experimental study of compressive behavior of polypropylene-fiber-reinforced and polypropylene-fiber-fabric-reinforced concrete [J]. Construction and building materials, 2019,194:216-225.

[4] 赵国藩.混凝土及其增强材料的发展与应用[J].建筑材料学报,2000,3(1):1-6.

[5] 郭宜杭,李黎,杨晨欣,等.植物纤维增强混凝土研究进展[J].硅酸盐通报,2022,41(10):3347-3358.

[6] 李化东.基于正交试验矿物纤维混凝土性能的研究[J].中国新技术新产品,2017(24):101-102.

[7] 汪晓东.混凝土材料的发展与应用[J].工程设计与应用研究,2003(4):15-17.

[8] 王丙垒,纪宪坤,徐可,等.苏州某穿湖隧道大体积混凝土工程裂缝控制应用研究[J].新型建筑材料,2021(10):142-147,177.

[9] 杜朝伟.略论高强混凝土的研究和应用现状[J].河南水利,2006(11):29.

[10] 王旭东.高强混凝土的应用与研究现状[J].辽宁省交通高等专科学校学报,2005,7(1):37-39.

[11] 周庆国,陈俊,胡景波.结构防水融合体系在川藏高速公路隧道中的应用[J].铁道建筑,2020,60(12):43-47.

[12] 曹妍,王芮文,赵蔚蔚,等.隧道二次衬砌混凝土仿生自愈技术应用研究[J].现代隧道技术,2022,59(6):250-257.

[13] 杜婷,郭太平,林怀立,等.混凝土材料的研究现状和发展应用[J].混凝土,2006(5):7-9.

[14] YOUSEFIEH N,JOSHAGHANI A,HAJIBANDEH E,et al.Influence of fibers on drying shrinkage in restrained concrete[J].Construction and building materials,2017,148:833-845.

[15] LI Z,PEREZ LARA M A,BOLANDER J E.Restraining effects of fibers during non-uniform drying of cement composites[J].Cement and concrete research,2006,36(9):1643-1652.

[16] 程红强,高丹盈.钢纤维混凝土的收缩性能试验研究[J].混凝土,2009(2):57-58.

[17] MANGAT P S,MOTAMEDI AZARI M.A theory for the free shrinkage of steel fibre reinforced cement matrices[J].Journal of materials science,1984,19(7):2183-2194.

[18] KUSAK I,LUNAK M,CHOBOLA Z.Monitoring of concrete hydration by electrical measurement methods[J].Procedia engineering,2016,151:271-276.

[19] OLIVEIRA M J,RIBEIRO A B,BRANCO F G.Shrinkage of self-compacting concrete.A comparative analysis[J].Journal of building engineering,2017,9:117-124.

[20] 苏安双.高性能混凝土早期收缩性能及开裂趋势研究[D].哈尔滨:哈尔滨工业大学,2008.

[21] LYMAN C G.Grouwth and movement in portland cement concrete[M].London:Oxford University Press,1934.

[22] 苗伟.内养护混凝土收缩和早期抗裂性能试验研究[D].郑州:郑州大学,2016.

[23] 杨晓红.混凝土结构收缩裂缝的机理分析与控制[D].合肥:合肥工业大

学，2009.
[24] 郑建岚，罗素蓉，王雪芳.高性能混凝土抗裂性能研究[J].工程力学，2008，25(增刊1)：71-98.
[25] 库马尔·梅塔，保罗·蒙蒂罗.混凝土微观结构、性能和材料[M].欧阳东，译.北京：中国建筑工业出版社，2016.
[26] 内维尔.混凝土的性能[M].4版.刘数华，冷发光，李新宇，等译.北京：中国建筑工业出版社，2011.
[27] MIYAZAWA S，MONTEIRO P J M.Volume change of high-strength concrete in moist conditions[J].Cement and concrete research，1996，26(4)：567-572.
[28] ZHANG M H，TAM C T，LEOW M P.Effect of water-to-cementitious materials ratio and silica fume on the autogenous shrinkage of concrete[J].Cement and concrete research，2003，33(10)：1687-1694.
[29] 李家和，欧进萍，孙文博.掺合料对高性能混凝土早期自收缩的影响[J].混凝土，2002(5)：9-10.
[30] 金贤玉，田野，金南国.混凝土早龄期性能与裂缝控制[J].建筑结构学报，2010，31(6)：204-212.
[31] 江晨晖，沈万岳，姜丽彬.高性能混凝土早龄期拉伸特性试验研究[J].工业建筑，2010，40(7)：71-74.
[32] 张涛，谭维祖.早龄期混凝土的力学性质研究[C]//第三届高性能混凝土国际研讨会论文集.北京：中国建材工业出版社，2012：214-222.
[33] TICHY J，KASAL P，LORENC V，et al.Measurement of early-age strength of concrete[J].Solid state phenomena，2020，309：98-102.
[34] 林辰.早龄期混凝土断裂性能和微观结构的试验研究[D].杭州：浙江大学，2005.
[35] 沈毅.早龄期混凝土若干性能的研究[D].杭州：浙江大学，2004.
[36] CARLSON R W，HOUGHTON D L，POLIVKA M.Causes and control of cracking in unreinforced mass cncrete[J].ACI journal proceedings，1979，76(7)：821-838.
[37] BLOOM R，BENTUR A.Free and restrained shrinkage of normal and

high-strength concretes[J].Materials,1995,92:211-217.
[38] BREWER,BURROWS W.Coarse-ground cement makes more durable concrete[J].Materiales de construccion,1950(19):45-46.
[39] BISSONNETTE B,PIGEON M.Tensile creep at early ages of ordinary, silica fume and fiber reinforced concretes[J].Cement and concrete research, 1995,25(5):1075-1085.
[40] WIEGRINK K,MARIKUNTE S,SHAH S P.Shrinkage cracking of high-strength concrete[J].ACI materials journal,1996,93(5):409-415.
[41] 高小建,巴恒静,杨英姿.矿物掺合料对混凝土早期开裂的影响[J].建筑科学与工程学报,2006,12:19-23.
[42] 王雪芳,郑建岚,晁鹏飞.矿物掺合料对混凝土早期开裂性能的影响[J].中国矿业大学学报,2007,36(6):768-772.
[43] 樊乐涛.预拌混凝土早期裂缝分级控制体系研究[D].兰州:兰州理工大学,2017.
[44] 马政,兰秉昇,刘强,等.粒化高炉矿渣代砂混凝土干燥收缩性能的试验[J].混凝土,2018(3):121-123.
[45] NEVILLE A M.Role of cement in the creep of mortar[J].ACI journal proceedings,1959,55(3):9.
[46] STRANGE P C,BRYANT A H.The role of aggregate in the fracture of concrete[J].Journal of materials science,1979,14(8):1863-1868.
[47] 钱晓倩,詹树林,周富荣,等.早期养护时间对混凝土早期收缩的影响[J].沈阳建筑大学学报(自然科学版),2007,23(4):610-614.
[48] 周富荣.养护对混凝土早期收缩和开裂的影响[D].杭州:浙江大学,2006.
[49] 张艳玲,吴笑梅,樊粤明.混凝土早期开裂因素的初探[J].混凝土,2005(5):18-21.
[50] MENU B,VAILLANCOURT T J,JOLIN M,et al.Influence of curing methods on moisture loss and drying shrinkage of shotcrete at early age[J].ACI materials journal,2020,117(4):95-103.
[51] SWAYZE M A.Early concrete volume changes and their control[J].

ACI journal proceedings,1942,38:425-440.

[52] MINDESS S ,YOUNG J F,DARWIN D.Concrete[M].New Jersey:Prentice Hall,2003.

[53] 杨凯.原材料和环境因素对混凝土塑性收缩和开裂影响的研究[D].重庆:重庆大学,2008.

[54] 姚燕,马丽媛,王玲,等.高强混凝土早期收缩开裂影响因素的研究[C]//钢筋混凝土结构裂缝控制论文集,2004:44-69.

[55] 钱春香,何智海.混凝土体积稳定性和抗裂性理论与技术[M].南京:东南大学出版社,2015.

[56] SAKAI E,DAIMON M.Autogenous shrinkage of concrete[J].Concrete,1998,75(6):15-26.

[57] DAVIS H E.Autogenous volume change of concrete[C]//Proceeding of the 43th Annual American Society for Testing Materials,Atlantic city,ASTM,1940.

[58] INSTITUTE J C.Technical committee on autogenous shrinkage of concrete[C]//Proceedings of the international workshop on autogenous shrinkage of concrete autoshrink '98,Hiroshima (Japan),1998:53-62.

[59] 钱晓倩,詹树林,方明晖,等.减水剂对混凝土早期收缩和总收缩的影响[J].混凝土,2004(5):17-20.

[60] 安明喆,朱金铨,覃维祖.高性能混凝土的自收缩问题[J].建筑材料学报,2001,4(2):159-166.

[61] TAZAWA E I,MIYAZAWA S.Experimental study on mechanism of autogenous shrinkage of concrete[J].Cement and concrete research,1995,25(8):1633-1638.

[62] 马丽媛.高强混凝土收缩开裂的研究[D].北京:中国建筑材料科学研究总院,2001.

[63] 西德尼·明德斯,弗朗西斯·杨,戴维·达尔文.混凝土[M].吴科如,等译.北京:化学工业出版社,2005.

[64] HOLT E,LEIVO M.Cracking risks associated with early age shrinkage[J].Cement and concrete composites,2004,26(5):521-530.

[65] 高小建,何忠茂,杨英姿,等.周边约束状态下板式混凝土早期开裂及收缩应变的分布[J].硅酸盐学报,2004,32(3):334-339.

[66] 周艳.大掺量粉煤灰混凝土的干燥收缩性能研究[D].咸阳:西北农林科技大学,2010.

[67] UYSAL M,YILMAZ K.Effect of mineral admixtures on properties of self-compacting concrete[J].Cement and concrete composites,2011,33(7):771-776.

[68] 袁勇.混凝土结构早期裂缝控制[M].北京:科学出版社,2004.

[69] HOLT E E.Early age autogenous shrinkage of concrete[D].Seattle:University of Washington,2001.

[70] RAMACHANDRAN V S.Concrete admixtures handbook:properties,science and technology[M].Oxford:William Andrew Publishing,1996.

[71] 金生吉,王艳苓,张健,等.短切浸胶玄武岩纤维增强混凝土抗压性能试验研究[J].混凝土,2015(12):102-105.

[72] 魏昆仑.玄武岩纤维对橡胶混凝土力学性能的影响[J].吉林水利,2023(3):27-30.

[73] 符德,符曙,郭春梅.玄武岩纤维掺量对硅酸盐混凝土力学性能影响[J].粘接,2023,50(2):65-68.

[74] 杨进勇,许金余,李为民,等.玄武岩纤维混凝土和碳纤维混凝土的冲击韧性对比研究[C]//第十二届全国纤维混凝土学术会议论文集,2008.

[75] 徐剑,崔春亮,王立庄.玄武岩纤维对水泥基复合材料抗裂性能的影响[J].当代化工研究,2022(24):49-51.

[76] 邓宗才,薛会青.玄武岩纤维混凝土的抗弯冲击性能[J].建筑科学与工程学报,2009,26(1):80-83.

[77] DASANA S,AOGLIO R,BEABELLA I.Experimental study on acrylic polymer basalt fiber reinforced concrete[J].Journal of progress in civil engineering,2023,5(1):3824-2842.

[78] 丁皓,肖鹏,夏炎,等.基于 SCB 试验的玄武岩纤维混合料抗裂性能[J].广西大学学报(自然科学版),2022,47(3):637-644.

[79] 崔鹏.玄武岩纤维改善再生水泥混凝土抗裂性能研究[J].中国建材科

技,2021,30(4):54-57.
[80] WU H,QIN X,HUANG X,et al.Engineering,mechanical and dynamic properties of basalt fiber reinforced concrete[J].Materials,2023,16(2):623.
[81] LI Y,GU Z C,ZHAO B,et al.Experimental study on mechanical properties of basalt fiber concrete after cryogenic freeze-thaw cycles[J].Polymers,2022,15(1):196.
[82] 刘汝超,邓嘉伟,刘立鼎,等.外掺玄武岩纤维的混凝土耐久性试验分析[J].合成纤维,2023,52(1):62-65.
[83] 徐存东,李智睿,连海东,等.冻融循环下玄武岩纤维混凝土的耐久性寿命预测[J].混凝土,2022(1):1-6.
[84] 郝晓玉.聚丙烯纤维高强混凝土高温后的微观特性及其抗压性能研究[D].太原:太原理工大学,2012.
[85] 宗荣.聚丙烯纤维混凝土使用性能研究[D].西安:长安大学,2004.
[86] 宁艳红.聚丙烯纤维混凝土受高温作用后的渗透性[D].北京:北京交通大学,2009.
[87] 谢静.不同长径聚丙烯纤维对高强混凝土高温后力学性能影响的研究[D].太原:太原理工大学,2012.
[88] MESSES P B R.Crack propagation study using Dura fiber and polypropylene fibers in mixes[J].Engineering and inspect,1989,35(13):97-105.
[89] 刘新荣,祝云华,周丽,等.纤维混凝土界面应力增强机理分析[J].混凝土与水泥制品,2009(1):48-50.
[90] 李学英,马新伟,韩兆祥,等.聚丙烯纤维混凝土的工作性与力学性能[J].武汉理工大学学报,2009,31(5):9-12.
[91] 唐百晓.聚丙烯纤维混凝土纤维增强作用机理研究[J].粘接,2023,50(2):78-82.
[92] 程红强,高丹盈.聚丙烯纤维混凝土冻融损伤试验研究[J].东南大学学报(自然科学版),2010,40(增刊1):197-200.
[93] 徐晓雷,何小兵,易志坚.聚丙烯纤维混凝土的抗渗性试验和机理分析[J].中国市政工程,2010(6):6-7.
[94] 付长海.聚丙烯纤维混凝土抗渗性能试验研究[J].交通世界(运输·车

辆),2015(5):46-47.
[95] 张讯,贺雄飞.聚丙烯纤维混凝土力学耐久性能研究[J].隧道建设,2010(4):392-395.
[96] 张秉宗,贡力,杜强业,等.西北盐渍干寒地区聚丙烯纤维混凝土耐久性损伤试验研究[J].材料导报,2022(17):108-114.
[97] AFROUGHSABET V,TENG S.Experiments on drying shrinkage and creep of high performance hybrid-fiber-reinforced concrete[J].Cement and concrete composites,2020,106:103481.
[98] MANGAT P S,MOTAMEDI AZARI M.Shrinkage of steel fibre reinforced cement composites[J].Materials and structures,1988,21(3):163-171.
[99] 林鸿斌,王冲,曾毅娟.钢纤维超高强混凝土的收缩变形及开裂研究[J].混凝土,2011(5):80-83.
[100] 刘毅,仇为波,李德军.不同弹性模量纤维对混凝土干燥收缩的影响[J].商品混凝土,2007(5):54-56.
[101] 程红强,高丹盈.钢纤维混凝土的收缩性能试验研究[J].混凝土,2009(2):57-58.
[102] 秦鸿根,刘斯凤,孙伟,等.钢纤维掺量和类型对混凝土性能的影响[J].建筑材料学报,2003,6(4):364-368.
[103] YOUNG C H,CHERN J C.Practical prediction model for shrinkage of steel fibre reinforced concrete[J].Materials and structures,1991,24(3):191-201.
[104] 孙伟.钢纤维增强混凝土的界面研究[J].混凝土与水泥制品,1987(2):3-7.
[105] 于俊超,赵庆新.钢纤维对混凝土徐变性能的影响[J].硅酸盐学报,2013(8):1087-1093.
[106] 马晓华.混杂纤维高性能混凝土抗裂和抗冻融性能研究[D].大连:大连理工大学,2006.
[107] 中华人民共和国住房和城乡建设部.普通混凝土长期性能和耐久性能试验方法标准:GB/T 50082—2009[S].北京:中国建筑工业出版

社,2010.

[108] 蒋学湛.钢纤维混凝土施工技术在路桥施工中的应用分析[J].中文科技期刊数据库(引文版)工程技术,2022(9):94-97.

[109] SHAH S P.Do fibers increase the tensile strength of cement-based matrix? [J].ACI materials journal,1991,88(6):595-602.

[110] BARROS J A O,FIGUEIRAS J A.Flexural behavior of SFRC:testing and modeling[J].Journal of materials in civil engineering,1999,11(4):331-339.

[111] 邓宗才.钢纤维混凝土疲劳断裂与损伤特性的试验研究[J].土木工程学报,2003,36(2):20-25.

[112] LI V C,WU H C,MAALEJ M,et al.Tensile behavior of cement-based composites with random discontinuous steel fibers[J].Journal of the American ceramic society,1996,79(1):74-78.

[113] 高丹盈,赵军,朱海堂,等.钢筋钢纤维混凝土深梁抗裂度的计算方法[J].水利学报,2002(11):124-128.

[114] ROESLER J R,LANGE D A,ALTOUBAT S A,et al.Fracture of plain and fiber-reinforced concrete slabs under monotonic loading[J].Journal of materials in civil engineering,2004,16(5):452-460.

[115] YAZCS,INAN G,TABAK V.Effect of aspect ratio and volume fraction of steel fiber on the mechanical properties of SFRC[J].Construction and building materials,2007,21(6):1250-1253.

[116] 时冬冬.钢纤维混凝土劈拉与弯曲性能的试验研究[D].大连:大连理工大学,2006.

[117] 汤寄予,高丹盈,朱海堂,等.钢纤维对高强混凝土弯曲性能影响的试验研究[J].建筑材料学报,2010,13(1):85-89.

[118] 丁一宁,董香军,王岳华.钢纤维混凝土弯曲韧性测试方法与评价标准[J].建筑材料学报,2005,8(6):660-664.

[119] 赵臻真.钢纤维混凝土弯曲韧性及残余抗折强度试验研究[D].郑州:郑州大学,2017.

[120] 陈升平,倪亮,卢应发,等.钢纤维对混凝土轴压性能影响的试验研究

[J].湖北工业大学学报,2020,35(5):97-101.

[121] THOMAS J,RAMASWAMY A.Mechanical properties of steel fiber-reinforced concrete[J].Journal of materials in civil engineering,2007,19(5):385-392.

[122] 黄彪,李彪.基于声发射技术的钢纤维混凝土受压损伤本构关系研究[J].水利与建筑工程学报,2018,16(4):201-208.

[123] 赵顺波,孙晓燕,李长永,等.高强钢纤维混凝土弯曲韧性试验研究[J].建筑材料学报,2003,6(1):95-99.

[124] REN G M,WU H,FANG Q,et al.Effects of steel fiber content and type on static mechanical properties of UHPCC[J].Construction and building materials,2018,163:826-839.

[125] AHN K L,JANG S J,YUN Y J,et al.Effect of fiber volume fraction on compressive and flexural properties of high-strength steel fiber reinforced concrete[J]. Applied mechanics and materials, 2014, 597: 296-299.

[126] KOŤÁTKOVÁ J,REITERMAN P.Effects of different types of steel fibers on the mechanical properties of high strength concrete[J].Advanced materials research,2014,1054:80-84.

[127] CHRISTIDIS K I,BADOGIANNIS E G,MINTZOLI C.Flexural behaviour of pumice lightweight concrete reinforced with end-hooked steel fibres[J].Structures,2021,33:3835-3847.

[128] 中国建筑科学研究院.混凝土结构设计规范:GB 50010—2010[S].北京:中国建筑工业出版社,2011.

[129] 葛玉强,陈宇,张吉港,等.隧道中埋式止水带的安装工艺研究[J].公路交通技术,2019,35(2):125-128.

[130] 林品杰.管廊变形缝橡胶止水带变形性能优化及结构形式创新研究[D].杭州:浙江大学,2020.

[131] 徐存东.水工建筑物伸缩缝漏水的处理措施及预防方法[J].防渗技术,2002,8(1):43-46.

[132] 李刚.地下铁道混凝土防水工程施工技术[J].建筑技术,2015,46(8):

707-709.
[133] 朱明娇.基于系统工程的城市地铁车站防水施工控制研究[D].长沙：湖南大学，2017.
[134] 孙海英.地铁防水施工技术研究[D].石家庄：石家庄铁道大学，2018.
[135] 徐富强.高分子自粘胶膜防水卷材在地铁工程中的应用[J].新型建筑材料，2019，46(12)：135-137.
[136] 李冬凤，周冬华.郑州轨道交通 2 号线明挖站台防水施工技术[J].中国建筑防水，2016(21)：23-27.
[137] CUI Z D，HUA S SYAN J S.Long-term settlement of subway tunnel and prediction of settlement trough in coastal city Shanghai[C]// Proceedings of Geo Shanghai 2018 International Conference：Multi-physics Processes in Soil Mechanics and Advances in Geotechnical Testing，2018.
[138] 丁胜，王总良.地铁地下车站渗漏水治理技术探讨[J].建筑施工，2019，41(7)：1338-1340.
[139] 杨海荣，郑杰.地下工程防排水设计与施工[M].郑州：郑州大学出版社，2020.
[140] 文忠.变形缝伸缩缝专用防水堵漏胶泥：CN108059774B[P].2020-10-16.
[141] HAUFE M，BAKALLI M，SAHIN H，et al.Newly developed acrylate injection resin gels for structural sealing and active corrosion protection of embedded steel reinforcement[J].Materials and corrosion，2020，71(5)：824-833.
[142] 董宝华，董国锋，吴迪.一种地下室变形缝处防水节点：CN211228621U[P].2020-08-11.
[143] 王龙，沈敏.用于中埋止水带式地下建筑变形缝的防水结构：CN210658746U[P].2020-06-02.
[144] 高奇.一种采用可卸式止水带的变形缝防水结构：CN210917787U[P].2020-07-03.
[145] CHO B H，NAM B H，SEO S，et al.Waterproofing performance of

waterstop with adhesive bonding used at joints of underground concrete structures[J].Construction and building materials,2019,221:491-500.

[146] 张民庆,黎庶,刘俊成.横向内置加劲型中埋式橡胶止水带研制[J].现代隧道技术,2019,56(6):52-60.

[147] 张道真.用于构造变形缝的预制模块及变形缝防水构造方法:CN111809667A[P].2020-10-23.

[148] LI C S,LIANG R S,WANG D,et al.Move among force and soft,discussion on treating technology of settlement joint leakage of substructure work[J].Material sciences,2017,7(6):560-566.

[149] 王会霞.公路隧道衬砌抗水压性能研究[D].广州:华南理工大学,2013.